La resistencia

Contemporánea
Humanidades

Biografía

Ernesto Sabato (Rojas, 1911 - Santos Lugares, 2011) se doctoró en Física, hizo varios cursos de filosofía en la Universidad de La Plata y trabajó en el Laboratorio Curie de París. En 1945 abandonó la ciencia para dedicarse exclusivamente a la literatura. Su obra incluye varios libros de ensayo sobre el hombre en la crisis de nuestro tiempo y sobre el sentido de la actividad literaria —*El escritor y sus fantasmas* (1963; Seix Barral, 1979 y 2002; Austral, 2011), *Apologías y rechazos* (Seix Barral, 1979), *Uno y el Universo* (Seix Barral, 1981) y *La resistencia* (Seix Barral, 2000; Austral, 2012)—, su autobiografía, *Antes del fin* (Seix Barral, 1999; Austral, 2011), tres novelas, cuyas versiones definitivas presentó Seix Barral al público de habla hispana en 1978: *El túnel* en 1948 (Austral, 2011), *Sobre héroes y tumbas* en 1961 (Austral, 2011) y *Abaddón el exterminador* en 1974 (Austral, 2011), premiada en París como la mejor novela extranjera publicada en Francia en 1976, y la antología *Lo mejor de Ernesto Sabato* (1989, 2011). Escritores tan dispares como Camus, Greene y Mann, como Quasimodo y Piovene, como Gombrowicz y Nadeau escribieron con admiración sobre su obra, que ha obtenido el Premio Cervantes (1984), el Premio Menéndez Pelayo (1997), el Premio Jerusalén (1989) y la Medalla de Oro del Círculo de Bellas Artes de Madrid (2002). Toda la obra de Ernesto Sabato está publicada en Seix Barral.

ERNESTO SABATO

LA RESISTENCIA

Seix Barral

Obra editada en colaboración con Grupo Editorial Planeta - Argentina

© 2000, Ernesto Sabato
c/o Guillermo Schavelzon & Asoc. Agencia Literaria
© 2004, Grupo Editorial Planeta S.A.I.C. / Seix Barral

Derechos reservados

© 2004, 2016, Editorial Planeta Mexicana, S.A. de C.V.
Bajo el sello editorial AUSTRAL M.R.
Avenida Presidente Masarik núm. 111, Piso 2
Colonia Polanco V Sección
Deleg. Miguel Hidalgo
C.P. 11560, Ciudad de México
www.planetadelibros.com.mx

Diseño de colección: Compañía
Ilustración de portada: AGE Fotostock

Primera edición impresa en Argentina: 2004
ISBN: 978-950-731-442-9

Primera edición impresa en México en Austral: septiembre 2016
ISBN: 978-607-07-3656-8

Impreso en los talleres de Impresora y Editora Infagon, S.A. de C.V.
Escobillera número 3, colonia Paseos de Churubusco, Cd. de México
Impreso en México – Printed in Mexico

*a Elvira González Fraga,
quien colaboró conmigo en este
libro y a través de tantos años,
con profundísimo afecto.*

I
LO PEQUEÑO
Y LO GRANDE

El hermoso consuelo de encontrar el mundo en un alma, de abrazar a mi especie en una criatura amiga.

F. HÖLDERLIN

Hay días en que me levanto con una esperanza demencial, momentos en los que siento que las posibilidades de una vida más humana están al alcance de nuestras manos. Éste es uno de esos días.

Y, entonces, me he puesto a escribir casi a tientas en la madrugada, con urgencia, como quien saliera a la calle a pedir ayuda ante la amenaza de un incendio, o como un barco que, a punto de desaparecer, hiciera una última y ferviente seña a un puerto que sabe cercano pero ensordecido por el ruido de la ciudad y por la cantidad de letreros que le enturbian la mirada.

Todavía podemos aspirar a la grandeza. Nos pido ese coraje. Todos, una y otra vez, nos doblegamos. Pero hay algo que no falla y es la convicción de que —únicamente— los valores del espíritu nos pueden salvar de este terremoto que amenaza la condición humana.

Mientras les escribo, me he detenido a palpar una rústica talla que me regalaron los tobas y que me trajo, como un rayo a mi memoria, una exposición "virtual" que me mostraron ayer en una computadora. Debo reconocer que me pareció cosa de Mandinga, porque a medida que nos relacionamos de manera abstracta más nos alejamos del corazón de las cosas y una indiferencia metafísica se adueña de nosotros, mientras toman poder entidades sin sangre ni nombres propios. Trágicamente, el hombre está perdiendo el diálogo con los demás y el reconocimiento del mundo que lo rodea, siendo que es allí donde se dan el encuentro, la posibilidad del amor, los gestos supremos de la vida.

Las palabras de la mesa, incluso las discusiones o los enojos, parecen ya reemplazadas por la visión hipnótica. La televisión nos tantaliza, quedamos como prendados de ella. Este efecto entre mágico y maléfico es obra, creo, del exceso de la luz, una intensidad de la luz que nos toma. No puedo menos que recordar ese mismo efecto que produce la luz en los insectos, y aun en los grandes animales. Y entonces, no sólo nos cuesta abandonarla, sino que también perdemos la capacidad para mirar y ver lo cotidiano. Una calle con enormes tipas, unos ojos candorosos en la cara de una mujer vieja, las nubes de un atardecer. La floración del aromo en pleno invierno no llama la atención a quienes no llegan ni a gozar de los jacarandáes en Buenos Aires. Muchas veces me ha sorprendido cómo vemos mejor los paisajes en las películas que en la realidad.

Es apremiante reconocer los espacios de encuentro que nos quiten de ser una multitud masificada mirando aisladamente la televisión. Lo paradójico es que a través de esa pantalla parecemos estar conectados con el mundo entero, cuando en verdad nos arranca la posibilidad de convivir humanamente, y lo que es tan grave como esto nos predispone a la abulia. Irónicamente he dicho en muchas entrevistas que "la televisión es el opio del pueblo", modificando la famosa frase de Marx. Pero lo creo, uno va quedando aletargado delante de la pantalla, y aunque no encuentre nada de lo que busca lo mismo se queda ahí, incapaz de levantarse y hacer algo bueno. Nos quita las ganas de trabajar en alguna artesanía, leer un libro, arreglar algo de la casa mientras se escucha música o se matea. O ir al bar con algún amigo, o conversar con los suyos. Es un tedio, un aburrimiento al que nos acostumbramos como "a falta de algo mejor". El estar monótonamente sentado frente a la televisión anestesia la sensibilidad, hace lerda la mente, perjudica el alma.

Al ser humano se le están cerrando los sentidos, cada vez requiere más intensidad, como los sordos. No vemos lo que no tiene la iluminación de la pantalla, ni oímos lo que no llega a nosotros cargado de decibeles, ni olemos perfumes. Ya ni las flores los tienen.

Algo que a mí me afecta terriblemente es el ruido. Hay tardes en que caminamos cuadras y cuadras antes de encontrar un lugar donde tomar un café en paz. Y no es que finalmente encontremos un bar silencioso, sino que nos resignamos a pedir que, por favor, apaguen el televisor, cosa que hacen con toda buena voluntad tratándose de mí, pero me pregunto, ¿cómo hacen las personas que viven en esta cuidad de trece millones de habitantes para encontrar un lugar donde conversar con un amigo? Esto que les digo nos pasa a todos, y muy especialmente a los verdaderos amantes de la música, ¿o es que se cree que prefieren escucharla mientras todos hablan de otros temas y a los gritos? En todos los cafés hay, o un televisor, o un aparato de música a todo volumen. Si todos se quejaran como yo, enérgicamente, las cosas empezarían a cambiar. Me pregunto si la gente se da cuenta del daño que le hace el ruido, o es que se los ha convencido de lo avanzado que es hablar a los gritos. En muchos departamentos se oye el televisor del vecino, ¿cómo nos respetamos tan poco? ¿Cómo hace el ser humano para soportar el aumento de decibeles en que vive? Las experiencias con animales han demostrado que el alto volumen les daña la memoria primero, luego los enloquece y finalmente los mata. Debo de ser como ellos porque hace tiempo que ando por la calle con tapones para los oídos.

El hombre se está acostumbrando a aceptar pasivamente una constante intrusión sensorial. Y esta actitud pasiva termina siendo una servidumbre mental, una verdadera esclavitud.

Pero hay una manera de contribuir a la protección de la humanidad, y es no resignarse. No mirar con indiferencia cómo desaparece de nuestra mirada la infinita riqueza que forma el universo que nos rodea, con sus colores, sonidos y perfumes. Ya los mercados no son aquellos a los que iban las mujeres con sus puestos de frutas, de verduras, de carnes, verdadera fiesta de colores y olores, fiesta de la naturaleza en medio de la ciudad, atendidos por hombres que vociferaban entre sí, mientras nos contagiaban la gratitud por sus frutos. ¡Pensar que con Mamá íbamos a la pollería a comprar huevos que, en ese mismo momento, retiraban de las gallinas ponedoras! Ahora ya todo viene envasado y se ha comenzado a hacer las compras por computadora, a través de esa pantalla que será la ventana por la que los hombres sentirán la vida. Así de indiferente e intocable.

No hay otra manera de alcanzar la eternidad que ahondando en el instante, ni otra forma de llegar a la universalidad que a través de la propia circunstancia: el hoy y aquí. Y entonces ¿cómo? Hay que re-valorar el pequeño lugar y el poco tiempo en que vivimos, que nada tienen que ver con esos paisajes maravillosos que podemos mirar en la televisión, pero que están sagradamente impregnados de la humanidad de las personas que vivimos en él. Uno dice *silla* o *ventana* o *reloj*, palabras que designan meros objetos, y, sin embargo, de pronto transmitimos algo misterioso e indefinible, algo que es como una clave, como un mensaje inefable de una profunda región de nuestro ser. Decimos *silla* pero no queremos decir *silla*, y nos entienden. O por lo menos nos entienden aquéllos a quienes está secretamente destinado el mensaje. Así, aquel par de zuecos, aquella vela, esa silla, no quieren decir ni esos zuecos, ni esa vela macilenta, ni aquella silla de paja, sino Van Gogh, Vincent: su ansiedad, su angustia, su soledad; de modo que son más bien su autorretrato, la descripción de sus ansiedades más profundas y dolorosas. Sirviéndose de objetos de este mundo aparentemente seco que está fuera de nosotros, que acaso estaba antes de nosotros y que muy probablemente nos sobrevivirá. Como si esos objetos fueran temblorosos y transitorios puentes para salvar el abismo que siempre se abre entre uno y el universo, símbolos de aquello profundo y recóndito que reflejan; indiferentes y grises para los que no son capaces de entender la clave, pero cálidos y tensos y llenos de intención secreta para los que la conocen. Porque el hombre hace con los objetos lo mismo que el alma realiza con el cuerpo, impregnándolo de sus anhelos y sentimientos, manifestándose a través de las arrugas carnales, del brillo de los ojos, de las sonrisas y de la comisura de sus labios.

Si nos volvemos incapaces de crear un clima de belleza en el pequeño mundo a nuestro alrededor y sólo atendemos a las razones del trabajo, tantas veces deshumanizado y competitivo, ¿cómo podremos resistir?

La presencia del hombre se expresa en el arreglo de una mesa, en unos discos apilados, en un libro, en un juguete. El contacto con cualquier obra humana evoca en nosotros la vida del otro. La expresividad del hombre deja huellas a su paso que nos inclinan a reconocerlo y a encontrarlo. Si vivimos como autómatas seremos ciegos a las huellas que los hombres nos van dejando, como las piedritas que tiraban Hansel y Gretel en la esperanza de ser encontrados.

El hombre se expresa para llegar a los demás, para salir del cautiverio de su soledad. Es tal su naturaleza de peregrino que nada colma su deseo de expresarse. Es un gesto inherente a la vida que no hace a la utilidad, que trasciende toda posibilidad funcional. Los hombres, a su paso, van dejando su vestigio; del mismo modo, al retornar a nuestra casa después de un día de trabajo agobiante, una mesita cualquiera, un par de zapatos gastados, una simple lámpara familiar, son conmovedores símbolos de una costa que ansiamos alcanzar, como náufragos exhaustos que lograran tocar tierra después de una larga lucha contra la tempestad.

Son muy pocas las horas libres que nos deja el trabajo. Apenas un rápido desayuno que solemos tomar pensando ya en los problemas de la oficina, porque de tal modo nos vivimos como productores que nos estamos volviendo incapaces de detenernos ante una taza de café en las mañanas, o de unos mates compartidos. Y la vuelta a la casa, la hora de reunirnos con los amigos o la familia, o de estar en silencio como la naturaleza a esa misteriosa hora del atardecer que recuerda los cuadros de Millet, ¡tantas veces se nos pierde mirando televisión! Concentrados en algún canal, o haciendo *zapping*, parece que logramos una belleza o un placer que ya no descubrimos compartiendo un guiso o un vaso de vino o una sopa de caldo humeante que nos vincule a un amigo en una noche cualquiera.

Cuando somos sensibles, cuando nuestros poros no están cubiertos de las implacables capas, la cercanía con la presencia humana nos sacude, nos alienta, comprendemos que es el otro el que siempre nos salva. Y si hemos llegado a la edad que tenemos es porque otros nos han ido salvando la vida, incesantemente. A los años que tengo hoy, puedo decir, dolorosamente, que toda vez que nos hemos perdido un encuentro humano algo quedó atrofiado en nosotros, o quebrado. Muchas veces somos incapaces de un genuino encuentro porque sólo reconocemos a los otros en la medida que definen nuestro ser y nuestro modo de sentir, o que nos son propicios a nuestros proyectos. Uno no puede detenerse en un encuentro porque está atestado de trabajos, de trámites, de ambiciones. Y porque la magnitud de la ciudad nos supera. Entonces el otro ser humano no nos llega, no lo vemos. Está más a nuestro alcance un desconocido con el que hablamos a través de la computadora. En la calle, en los negocios, en los infinitos trámites, uno sabe —abstractamente— que está tratando con seres humanos pero en lo concreto tratamos a los demás como a otros tantos servidores informáticos o funcionales. No vivimos esta relación de modo afectivo, como si tuviésemos una capa de protección contra los acontecimientos humanos "desviantes" de la atención, los otros nos molestan, nos hacen perder el tiempo. Lo que deja al hombre espantosamente solo, como si en medio de tantas personas, o por ello mismo, cundiera el autismo.

He visto algunas películas donde la alienación y la soledad son tales que las personas buscan amarse a través de un monitor. Por no hablar de esas mascotas artificiales que inventaron los japoneses, que no sé qué nombre tienen, que se las cuida como si vivieran, porque tienen "sentimientos" y hay que hablarles. ¡Qué basura y qué trágico pensar que ésa es la manera que tienen muchas personas de expresar su afecto! Un juego siniestro cuando hay tanto niño tirado por el mundo, y tanto noble animal camino a la extinción. Estamos a tiempo de revertir este abandono y esta masacre. Esta convicción ha de poseernos hasta el compromiso.

La vida es abierta por naturaleza, aun en quienes la barrera que han levantado en torno a lo propio pareciera ser más oscura que una mazmorra. El latido de la vida exige un intersticio, apenas el espacio que necesita un latido para seguir viviendo, y a través de él puede colarse la plenitud de un encuentro, como las grandes mareas pueden filtrarse aun en las represas más fortificadas, o una enfermedad puede ser la apertura, o el desborde de un milagro cualquiera de la vida: una persona que nos ame a pesar de nuestra cerrazón como una gota que golpeara incesantemente contra los altos muros. Y entonces la persona que estaba más sola y cerrada puede ser ella misma la más capacitada por haber sido quien soportó largo tiempo esa grave carencia. Motivo por el cual son muchas veces los que más orfandad han sufrido quienes más cuidado ponen en la persona amada. Amor que nunca se recibe como descontado, que siempre pertenece a la magnitud del milagro. Y esta comprobación que tantas veces hemos hecho en la vida, mal que les pese a algunos psicólogos, es lo que nos alienta a pensar que nuestra sociedad, tan enfermiza y deshumanizada, puede ser quien dé origen a una cultura religiosa, como lo profetizó Berdiaev a principios del siglo XX.

La medicina es una de las áreas donde puede verse una contraola que golpea esta trágica creencia en la Abstracción. Si en 1900 un curandero curaba por sugestión, los médicos se echaban a reír, porque en aquel tiempo sólo creían en cosas materiales, como un músculo o un hueso; hoy practican eso mismo que antes consideraban superstición con el nombre de "medicina psicosomática". Pero durante mucho tiempo subsistió en ellos el fetichismo por la máquina, la razón y la materia, y se enorgullecían de los grandes triunfos de su ciencia, por el solo hecho de haber reemplazado el auge de la viruela por el del cáncer.

La falla central que sufrió la medicina proviene de la falsa base filosófica de los tres siglos pasados, de la ingenua separación entre alma y cuerpo, del cándido materialismo que conducía a buscar toda enfermedad en lo somático. El hombre no es un simple objeto físico, desprovisto de alma; ni siquiera un simple animal: es un animal que no sólo tiene alma sino espíritu, y el primero de los animales que ha modificado su propio medio por obra de la cultura. Como tal, es un equilibrio —inestable— entre su propio soma y su medio físico y cultural. Una enfermedad es, quizá, la ruptura de ese equilibrio, que a veces puede ser provocada por un impulso somático y otras por un impulso anímico, espiritual o social. No es nada difícil que enfermedades modernas como el cáncer sean esencialmente debidas al desequilibrio que la técnica y la sociedad moderna han producido entre el hombre y su medio. ¿El cáncer no es acaso un cierto tipo de crecimiento desmesurado y vertiginoso?

Cambios mesológicos provocaron la desaparición de especies enteras, y así como los grandes reptiles no pudieron sobrevivir a las transformaciones que ocurrieron al final del período mesozoico, podría suceder que la especie humana fuese incapaz de soportar los catastróficos cambios del mundo contemporáneo. Pues estos cambios son tan terribles, tan profundos y sobre todo tan vertiginosos, que aquellos que provocaron la desaparición de los reptiles resultan insignificantes. El hombre no ha tenido tiempo para adaptarse a las bruscas y potentes transformaciones que su técnica y su sociedad han producido a su alrededor; y no es arriesgado afirmar que las enfermedades modernas sean los medios de que se está valiendo el cosmos para sacudir a esta orgullosa especie humana.

Nuestro tiempo cuenta con teléfonos para suicidas. Sí, es probable que algo se le pueda decir a un hombre para quien la vida ha dejado de ser el bien supremo. Yo mismo, muchas veces, atiendo gente al borde del abismo. Pero es muy significativo que se tenga que buscar un gesto amigo por teléfono o por computadora, y no se lo encuentre en la casa, o en el trabajo, o en la calle, como si fuésemos internados en alguna clínica enrejada que nos separara de la gente a nuestro lado. Y entonces, habiendo sido privados de la cercanía de un abrazo o de una mesa compartida, nos quedaran "los medios de comunicación".

De la misma manera, cuánto mejor es morir en la propia cama, rodeado de afecto, acompañado por las voces, los rostros y los objetos familiares, que en esas ambulancias que atraviesan como bólidos las calles para ingresar al moribundo en una sala esterilizada, en lugar de dejarlo en paz.

Con admiración recuerdo el nombre de algunos viejos médicos cuya sola entrada sanaba al enfermo. ¡Cuánta irónica sonrisa mereció esta deslumbrante verdad!

Es noche de verano, la luna ilumina de cuando en cuando. Avanzo hacia mi casa entre las magnolias y las palmeras, entre los jazmines y las inmensas araucarias, y me detengo a observar la trama que las enredaderas han labrado sobre el frente de esta casa que es ya una ruina querida, con persianas podridas o desquiciadas; y, sin embargo, o precisamente por su vejez parecida a la mía, comprendo que no la cambiaría por ninguna mansión en el mundo.

En la vida existe un valor que permanece muchas veces invisible para los demás, pero que el hombre escucha en lo hondo de su alma: es la fidelidad o traición a lo que sentimos como un destino o una vocación a cumplir.

El destino, al igual que todo lo humano, no se manifiesta en abstracto sino que se encarna en alguna circunstancia, en un pequeño lugar, en una cara amada, o en un nacimiento pobrísimo en los confines de un imperio.

Ni el amor, ni los encuentros verdaderos, ni siquiera los profundos desencuentros, son obra de las casualidades, sino que nos están misteriosamente reservados. ¡Cuántas veces en la vida me ha sorprendido cómo, entre las multitudes de personas que existen en el mundo, nos cruzamos con aquellas que, de alguna manera, poseían las tablas de nuestro destino, como si hubiéramos pertenecido a una misma organización secreta, o a los capítulos de un mismo libro! Nunca supe si se los reconoce porque ya se los buscaba, o se los busca porque ya bordeaban los aledaños de nuestro destino.

El destino se muestra en signos e indicios que parecen insignificantes pero que luego reconocemos como decisivos. Así, en la vida uno muchas veces cree andar perdido, cuando en realidad siempre caminamos con un rumbo fijo, en ocasiones determinado por nuestra voluntad más visible, pero en otras, quizá más decisivas para nuestra existencia, por una voluntad desconocida aun para nosotros mismos, pero no obstante poderosa e inmanejable, que nos va haciendo marchar hacia los lugares en que debemos encontrarnos con seres o cosas que, de una manera o de otra, son, o han sido, o van a ser primordiales para nuestro destino, favoreciendo o estorbando nuestros deseos aparentes, ayudando u obstaculizando nuestras ansiedades, y, a veces, lo que resulta todavía más asombroso, demostrando a la larga estar más despiertos que nuestra voluntad consciente.

En el momento, nuestras vidas nos parecen escenas sueltas, una al lado de la otra, como tenues, inciertas y livianísimas hojas arrastradas por el furioso y sin sentido viento del tiempo. Mi memoria está compuesta de fragmentos de existencia, estáticos y eternos: el tiempo no pasa, entre ellos, y cosas que sucedieron en épocas muy remotas entre sí están unas junto a otras vinculadas o reunidas por extrañas antipatías y simpatías. O acaso salgan a la superficie de la conciencia unidas por vínculos absurdos pero poderosos, como una canción, una broma o un odio común. Como ahora, para mí, el hilo que las une y que las va haciendo salir una después de otra es cierta ferocidad en la búsqueda de algo absoluto, cierta perplejidad, la que une palabras como *hijo, amor, Dios, pecado, pureza, mar, muerte.*

Pero no creo en el destino como fatalidad, como en la tradición griega, o en nuestro tango: "contra el destino, nadie la talla". Porque de ser así, ¿para qué les estaría escribiendo? Creo que la libertad nos fue destinada para cumplir una misión en la vida; y sin libertad nada vale la pena. Es más, creo que la libertad que está a nuestro alcance es mayor de la que nos atrevemos a vivir. Basta con leer la historia, esa gran maestra, para ver cuántos caminos ha podido abrir el hombre con sus brazos, cuánto el ser humano ha modificado el curso de los hechos. Con esfuerzo, con amor, con fanatismo.

Pero si no nos dejamos tocar por lo que nos rodea no podremos ser solidarios con nada ni nadie, seremos esa expresión escalofriante con que se nombra al ser humano de este tiempo, "átomo cápsula", ese individuo que crea a su alrededor otras tantas cápsulas en las que se encierra, en su departamento funcional, en la parte limitada del trabajo a su cargo, en los horarios de su agenda. No podemos olvidar que antes la siembra, la pesca, la recolección de los frutos, la elaboración de las artesanías, como el trabajo en las herrerías o en los talleres de costura, o en los establecimientos de campo, reunían a las personas y las incorporaban en la totalidad de su personalidad. Fue la intuición del comienzo de esta ruptura la que llevó a los obreros del siglo XVIII a rebelarse contra las máquinas, a querer prenderles fuego. Hoy los hombres tienden a cohesionarse masivamente para adecuarse a la creciente y absoluta funcionalidad que el sistema requiere hora a hora. Pero entre la vida de las grandes ciudades, que lo sobrepasan como un tornado a las arenas de un desierto, y la costumbre de mirar televisión, donde uno acepta que pase lo que pase, y no se cree responsable, la libertad está en peligro. Tan grave como lo que dijo Jünger: "Si los lobos contagian a la masa, un mal día el rebaño se convierte en horda".

Si cambia la mentalidad del hombre, el peligro que vivimos es paradójicamente una esperanza. Podremos recuperar esta casa que nos fue míticamente entregada. La historia siempre es novedosa. Por eso a pesar de las desilusiones y frustraciones acumuladas, no hay motivo para descreer del valor de las gestas cotidianas. Aunque simples y modestas, son las que están generando una nueva narración de la historia, abriendo así un nuevo curso al torrente de la vida.

La pertenencia del hombre a lo simple y cercano se acentúa aún más en la vejez cuando nos vamos despidiendo de proyectos, y más nos acercamos a la tierra de nuestra infancia, y no a la tierra en general, sino a aquel pedazo, a aquel ínfimo pedazo de tierra en que transcurrió nuestra niñez, en que tuvimos nuestros juegos y nuestra magia, la irrecuperable magia de la irrecuperable niñez. Y entonces recordamos un árbol, la cara de algún amigo, un perro, un camino polvoriento en la siesta de verano, con su rumor de cigarras, un arroyito. Cosas así. No grandes cosas sino pequeñas y modestísimas cosas, pero que en el ser humano adquieren increíble magnitud, sobre todo cuando el hombre que va a morir sólo puede defenderse con el recuerdo, tan angustiosamente incompleto, tan transparente y poco carnal, de aquel árbol o de aquel arroyito de la infancia; que no sólo están separados por los abismos del tiempo sino por vastos territorios.

Así nos es dado ver a muchos viejos que casi no hablan y todo el tiempo parecen mirar a lo lejos, cuando en realidad miran hacia dentro, hacia lo más profundo de su memoria. Porque la memoria es lo que resiste al tiempo y a sus poderes de destrucción, y es algo así como la forma que la eternidad puede asumir en ese incesante tránsito. Y aunque nosotros (nuestra conciencia, nuestros sentimientos, nuestra dura experiencia) hayamos ido cambiando con los años; y también nuestra piel y nuestras arrugas van convirtiéndose en prueba y testimonio de ese tránsito, hay algo en el ser humano, allá muy dentro, allá en regiones muy oscuras, aferrado con uñas y dientes a la infancia y al pasado, a la raza y a la tierra, a la tradición y a los sueños, que parece resistir a ese trágico proceso resguardando la eternidad del alma en la pequeñez de un ruego.

Se ha necesitado una crisis general de la sociedad para que estas sencillas pero humanas verdades resurgieran con todo su vigor. Estaremos perdidos si no revertimos, con energía, con amor, esta tendencia que nos constituye en adoradores de la televisión, los chicos idiotizados que ya no juegan en los parques. Si hay Dios, que no lo permita.

Vuelven a mi memoria imágenes de hombres y mujeres luchando en la adversidad, como aquella indiecita embarazada, casi una niña, que me arrancó lágrimas de emoción en el Chaco porque en medio de la miseria y las privaciones, su alma agradecía la vida que llevaba en ella.

Qué admirable es a pesar de todo el ser humano, esa cosa tan pequeña y transitoria, tan reiteradamente aplastada por terremotos y guerras, tan cruelmente puesta a prueba por los incendios y naufragios y pestes y muertes de hijos y padres.

Sí, tengo una esperanza demencial, ligada, paradójicamente, a nuestra actual pobreza existencial, y al deseo, que descubro en muchas miradas, de que algo grande pueda consagrarnos a cuidar afanosamente la tierra en la que vivimos.

Con todo, mientras digo esto, algo como una visión tremenda me hace sentir que ya pasó la gran pesadilla, que ya hemos comprendido que toda consideración abstracta, aunque se refiera a problemas humanos, no sirve para consolar a ningún hombre, para mitigar ninguna de las tristezas y angustias que puede sufrir un ser concreto de carne y hueso, un pobre ser con ojos que miran ansiosamente (¿hacia qué o hacia quién?), una criatura que sólo sobrevive por la esperanza.

Ya muy cansado, en esta noche de noviembre, la araucaria me trae a la memoria el amor que mi amigo Tortorelli tenía por sus árboles. Era conmovedor, llegaba hasta a abrazar alguno que le recordaba la época en que él mismo había sido guardabosques. Tuvimos la emoción de recorrer con él, por la Patagonia, lugares tan impresionantes como los bosques petrificados, los de arrayanes, y aquellos otros donde se yerguen árboles milenarios. Nos decía, acariciando el tronco de esas formidables araucarias y coihues todavía vivos: "Piensen por un momento que cuando surgió el Imperio Romano y cuando se derrumbó, cuando los griegos y los troyanos combatían por Helena, este árbol ya estaba aquí, y siguió estando cuando Rómulo y Remo fundaron Roma, y cuando nació Cristo. Y mientras Roma llegaba a dominar el mundo, y cuando cayó. Y así pasaron imperios, guerras interminables, Cruzadas, el Renacimiento, y la historia entera de Occidente hasta hoy. Y ahí lo tienen todavía". También nos dijo que los vientos húmedos del Pacífico precipitan casi toda su agua del lado chileno, de modo que un incendio de este lado es fatal, porque los árboles mueren y el desierto avanza inexorablemente. Entonces, nos llevó hasta el límite de la estepa patagónica y nos mostró los cipreses, casi retorcidos por el sufrimiento que, como dijo, "cubrían la retaguardia". Duros y estoicos, como una legión suicida, daban el último combate contra la adversidad.

Creo en los cafés, en el diálogo, creo en la dignidad de la persona, en la libertad. Siento nostalgia, casi ansiedad de un Infinito, pero humano, a nuestra medida.

II
LOS ANTIGUOS VALORES

Tenía ante mí toda la rica tierra, y sin embargo tan solo miraba hacia lo más humilde y lo más pequeño… ¿Dónde estaríamos los pobres hombres si no existiera la tierra fiel?, ¿qué tendríamos si no tuviéramos esta belleza y bondad?

R. Walser

Después de recorrer durante horas la imponente Quebrada de Humahuaca hemos regresado a la antigua ciudad de Salta, tan hermosa en otro tiempo, hoy casi irreconocible, plagada de letreros y de edificios modernos que han roto la belleza de sus calles coloniales. Ya nada va quedando, como si nadie la mirara, aristócrata ciudad de Salta, como si también a ella le hubiera llegado este desencanto moderno que en nada pone empeño, que construye las casas para que se deshagan al día siguiente, ya sin frentistas, ni viejos herreros.

Por la tarde me he acercado a la histórica Catedral, el santuario donde mañana miles de creyentes celebrarán la Fiesta del Milagro. Muchos de ellos hace días que vienen peregrinando para ofrecer sus candorosas promesas, a veces tan simples como una flor de campo, y sus pedidos, a veces tan apremiantes como la comida, la salud o el trabajo.

Sentado en la plaza volvieron mis obsesiones de siempre. Las sociedades desarrolladas se han levantado sobre el desprecio a los valores trascendentes y comunitarios y sobre aquéllos que no tienen valor en dinero sino en belleza. Una vez más compruebo cómo se han afeado las ciudades de nuestro país, tanto Buenos Aires como las antiguas ciudades del interior. ¡Qué poco se las ha cuidado! Da dolor ver fotos de hace años, cuando todavía cada una conservaba su modalidad, sus árboles, el frente de sus edificios. A través de mis cavilaciones, me detengo a mirar a un chiquito de tres o cuatro años que juega bajo el cuidado de su madre, como si debajo de un mundo resecado por la competencia y el individualismo, donde ya casi no queda lugar para los sentimientos ni el diálogo entre los hombres, subsistieran, como antiguas ruinas, los restos de un tiempo más humano. En los juegos de los chicos percibo, a veces, los resabios de rituales y valores que parecen perdidos para siempre, pero que tantas veces descubro en pueblitos alejados e inhóspitos: la dignidad, el desinterés, la grandeza ante la adversidad, las alegrías simples, el coraje físico y la entereza moral.

El niño sigue jugando en la glorieta de la plaza, donde seguramente mañana tocará la orquesta o habrá concierto de guitarras como antes en Rojas, los días de fiesta.

En otra época —lamento utilizar expresiones con cierto aire arqueológico, pero cuando se tiene casi la edad del siglo… qué digo, ¡la del siglo pasado!—, cuando yo era un niño en Rojas, aún se mantenían valores que hacían del nacimiento, el amor, la adolescencia, la muerte, un ceremonial bello y profundo. El tiempo de la vida no era el de la prisa de los relojes sino que aún guardaba espacio para los momentos sagrados y para los grandes rituales, donde se mezclaban antiguas creencias de estas tierras con las gestas de los santos cristianos. Un ritmo pausado en el que fiestas y aconteceres marcaban los hitos fundamentales de la existencia, que eran esperados por aquellos que teníamos seis o siete años, por los adultos y hasta por los ancianos. Como la llegada del Carnaval, un cumpleaños, la celebración de la Navidad, ese encanto indescifrable de la mañana de Reyes, o la gran festividad del Santo Patrono con procesión, empanadas y bailes. Hasta el cambio de las estaciones y la alternancia de los días y las noches parecían albergar un enigma que formaba parte de aquel ritual, perpetuado a través de generaciones como en una historia sagrada. Todos participaban de esas fiestas, desde los más pobres hasta los más ricos. Recuerdo la admiración con que observaba yo las pruebas de los jinetes y cómo me gustaba ir a los circos.

Había épocas buenas y épocas calamitosas, pero dependían de la naturaleza, de las cosechas; el hombre no sentía que debía obrar siempre y en cualquier momento para controlar el acontecer de todo, como lo cree hoy en día.

Ahora la humanidad carece de ocios, en buena parte porque nos hemos acostumbrado a medir el tiempo de modo utilitario, en términos de producción. Antes los hombres trabajaban a un nivel más humano, frecuentemente en oficios y artesanías, y mientras lo hacían conversaban entre ellos. Eran más libres que el hombre de hoy que es incapaz de resistirse a la televisión. Ellos podían descansar en las siestas, o jugar a la taba con los amigos. De entonces recuerdo esa frase tan cotidiana en aquellas épocas: "Venga amigo, vamos a jugar un rato a los naipes, para matar el tiempo, no más", algo tan inconcebible para nosotros. Momentos en que la gente se reunía a tomar mate, mientras contemplaba el atardecer, sentados en los bancos que las casas solían tener al frente, por el lado de las galerías. Y cuando el sol se hundía en el horizonte, mientras los pájaros terminaban de acomodarse en sus nidos, la tierra hacía un largo silencio y los hombres, ensimismados, parecían preguntarse sobre el sentido de la vida y de la muerte.

La vida de los hombres se centraba en valores espirituales hoy casi en desuso, como la dignidad, el desinterés, el estoicismo del ser humano frente a la adversidad. Estos grandes valores espirituales, como la honestidad, el honor, el gusto por las cosas bien hechas, el respeto por los demás, no eran algo excepcional, se los hallaba en la mayoría de las personas. ¿De dónde se desprendía su valor, su coraje ante la vida?

Otra frase de entonces, en la que nunca reparé como en este tiempo, era aquélla de "Dios proveerá". El modo de ser de entonces, el desinterés, la serenidad de sus modales, indudablemente reposaba en la honda confianza que tenían en la vida. Tanto para la fortuna como para la desgracia, lo importante no provenía de ellos. También los valores surgían de textos sagrados, eran mandatos divinos.

Los hombres, desde que se encontraron parados sobre la tierra, creyeron en un Ser superior. No hay cultura que no haya tenido sus dioses. El ateísmo es una novedad de los tiempos modernos; "ves llorar la Biblia junto a un calefón" nunca antes pudo haber sido dicho. Y, si no, volvamos a leer a Homero, o a los mitos de América. Los hombres creían ser hijos de Dios y el hombre que siente semejante filiación puede llegar a ser siervo, esclavo, pero jamás será un engranaje. Cualquiera sean las circunstancias de la vida, nadie le podrá quitar esa pertenencia a una historia sagrada: siempre su vida quedará incluida en la mirada de los dioses.

¿Podremos vivir sin que la vida tenga un sentido perdurable? Camus, comprendiendo la magnitud de lo perdido, pide que el hombre sea santo sin Dios. Sin embargo, como ya antes lo había proclamado genialmente Kirilov, "si Dios no existe, todo está permitido". Sartre deduce de la célebre frase que entonces el ser humano es enteramente responsable de sus acciones, aunque, como dijo, la vida sea un absurdo. Esta cumbre del comportamiento humano se manifiesta en la solidaridad, pero cuando la vida se siente como un caos, cuando ya no hay un Padre a través del cual sentirnos hermanos, el sacrificio pierde el fuego del que se nutre.

Si todo es relativo, ¿encuentra el hombre valor para el sacrificio? ¿Y sin sacrificio se puede acaso vivir? Los hijos son un sacrificio para los padres, el cuidado de los mayores o de los enfermos también lo es. Como la renuncia a lo individual por el bien común, como el amor. Se sacrifican quienes envejecen trabajando por los demás, quienes mueren para salvar al prójimo, ¿y puede haber sacrificio cuando la vida ha perdido el sentido para el hombre, o sólo lo halla en la comodidad individual, en la realización del éxito personal?

Por la mañana, en camino hacia el monumento a Güemes, ese héroe romántico y corajudo, me he detenido a mirar una calesita con sortija como las de mi pueblo. Y la emoción me cierra la garganta al pensar en la belleza pueblerina en la que me crié, esas simples alegrías tan poco frecuentes en los chicos de hoy.

Otro valor perdido es la vergüenza. ¿Han notado que la gente ya no tiene vergüenza y, entonces, sucede que entremezclados con gente de bien uno puede encontrar, con amplia sonrisa, a cualquier sujeto acusado de las peores corrupciones, como si nada? En otro tiempo su familia se hubiera enclaustrado, pero ahora todo es lo mismo y los programas de televisión lo solicitan y lo tratan como a un señor.

Desde la perspectiva del hombre moderno, la gente de antes tenía menos libertad. Eran menores las posibilidades de elección, pero, indudablemente, su responsabilidad era mucho mayor. No se les ocurría, siquiera, que pudieran desentenderse de los deberes a su cargo, de la fidelidad al lugar que la vida parecía haberles otorgado.

Algo notable es el valor que aquella gente daba a las palabras. De ninguna manera eran un arma para justificar los hechos. Hoy todas las interpretaciones son válidas y las palabras sirven más para descargarnos de nuestros actos que para responder por ellos.

No quiero pesarlos con las anécdotas grabadas en mi memoria. Además, es probable que los más jóvenes no comprendan el alcance de los mitos, que son la experiencia de una vida remota intemporal, cargada de significados que iluminan el presente. Como bien dice Eliade, cada concepción del mundo necesita ser vivida desde dentro para comprenderla, y el hecho de compartirla afianza la pertenencia y el vínculo entre los hombres.

Entonces la gente se conocía y no necesitaba mostrarse, la trayectoria de la vida de cada uno estaba a la vista de todos. Y esto lo puedo afirmar porque, para mí, el hecho de que la gente me reconozca no sólo me da gran aliento, sino que también crea en mí una responsabilidad. En cambio, cuando multitudes de seres humanos pululan por las calles de las grandes ciudades sin que nadie los llame por su nombre, sin saber de qué historia son parte, o hacia dónde se dirigen, el hombre pierde el vínculo delante del cual sucede su existencia. Ya no vive delante de la gente de su pueblo, de sus vecinos, de su Dios, sino angustiosamente perdido entre multitudes cuyos valores no conoce, o cuya historia apenas comparte.

Cuando la cantidad de culturas relativiza los valores, y la "globalización" aplasta con su poder y les impone una uniformidad arrogante, el ser humano, en su desconcierto, pierde el sentido de los valores y de sí mismo y ya no sabe en quién o en qué creer. Como dijo Gandhi:

> *No quiero cerrar los cuatro rincones de mi casa ni poner paredes en mis ventanas. Quiero que el espíritu de todas las culturas aliente en mi casa con toda la libertad posible. Pero me niego a que nadie me sople los peones. Me gustaría ver a esos jóvenes nuestros que sienten afición a la literatura aprender a fondo el inglés y cualquier otra lengua. Pero no me gustaría que un solo indio se olvidase o descuidase su lengua materna, que se avergonzase de ella o que la creyese impropia para la expresión de su pensamiento y de sus reflexiones más profundas. Mi religión me prohíbe hacer de mi casa una prisión.*

En nuestro país son muchos los hombres y las mujeres que se avergüenzan, en la gran ciudad, de las costumbres de su tierra. Trágicamente, el mundo está perdiendo la originalidad de sus pueblos, la riqueza de sus diferencias, en su deseo infernal de "clonar" al ser humano para mejor dominarlo. Quien no ama su provincia, su *paese*, la aldea, el pequeño lugar, su propia casa por pobre que sea, mal puede respetar a los demás. Pero cuando todo está desacralizado, el mundo es un caos y la existencia es ensombrecida por un amargo sentimiento de absurdo. De ahí uno de los motivos por los cuales hoy se tiene tanto terror a la muerte; se ha convertido en un tabú. Ya casi no hay velatorios y llorar en un entierro es prácticamente un acto de mal gusto, inadecuado. En cuanto nos descuidemos, habremos dejado de compartir ese misterioso momento en que el alma se retira del cuerpo, en que éste queda tan muerto como queda una casa cuando se retiran para siempre los seres que la habitan y, sobre todo, que sufrieron y amaron en ella. Pues no son las paredes, ni el techo, ni el piso lo que individualiza a la casa sino esas personas que la viven, con sus conversaciones, sus risas, con sus amores y odios; seres que impregnan la casa de algo inmaterial pero profundo, como es la sonrisa en un rostro.

Negar la muerte, no ir a los cementerios, no llevar luto, todo eso pareció una afirmación de la vida, y lo fue, en alguna medida. Pero, paradójicamente, se ha convertido en una trampa, una de las tantas que la sociedad actual ha fabricado para que el hombre no llegue a percibir las situaciones límite, aquellas en las que se nos desploma nuestro mundo, las únicas que nos pueden sacudir de esta inercia en que avanzamos. Decía Donne que nadie duerme en la carreta que lo conduce de la cárcel al patíbulo, y que, sin embargo, todos dormimos de la cuna a la sepultura; o no estamos enteramente despiertos.

Nada sabríamos de la vida sin la dolorosa conciencia de aquel misterio final. Así lo entendieron las culturas que identificaban a la Diosa de la Fertilidad con la Divinidad de la Muerte. La Madre Tierra cuidaba tanto de las semillas como de los muertos, ya que estos últimos, como los granos que habían sido enterrados, regresarían a la vida recubiertos bajo una nueva forma. En China, en su milenaria tradición, las mujeres eran sepultadas con sus vestidos de bodas.

Esta creencia en la fecundidad de la vida más allá de la muerte es universal y la expresan los símbolos que, aun sin que lo sepamos, están presentes en nuestros ritos fúnebres, como las velas que arden por el último cumpleaños de la persona que ha muerto y las coronas que se le colocan para simbolizar su triunfo, el haber llegado a la meta, del mismo modo en que se corona a los atletas triunfantes. En nuestras provincias hay hermosas celebraciones como la Difunta Correa, esa joven mujer que parte con su bebé en busca de su marido que ha caído prisionero. Ella cae muerta en el desierto pero, cuando la encuentran, los paisanos afirman que la criatura seguía mamando de ella. Algo inconcebible para nosotros pero pleno de poesía y de capacidad simbólica para los hombres de aquellas tierras que peregrinan al desierto sanjuanino para ser ayudados por ella. ¡Con cuánta emoción hemos compartido en Santiago del Estero esa cena que sigue a la muerte de una criatura! La llaman la Comida del Angelito y tiene una resonancia sagrada muy honda, por el dolor de quienes han quedado sin la criatura y comen entre lágrimas, como un ruego, simbolizando la magnitud de su esperanza. No por nada Dostoievski da el final a los Karamazov con una narración semejante.

El calor es insoportable y pesado, la luna, casi llena, está rodeada de un halo amarillento. No se mueve ni una hoja: todo anuncia la tormenta. Las montañas parecen iluminadas como una escenografía nocturna de teatro; sin embargo, los jardines están todavía impregnados de un perfume intenso a jazmines y magnolias.

La religión ha perdido influencia sobre los hombres y desde hace unas décadas los mitos y las religiones parecieron superados para siempre y el ateísmo se generalizó en los espíritus avanzados. Sin embargo, en estos años, el hombre en su desesperación ha vuelto su mirada hacia las religiones en busca de Alguien que lo pueda sostener.

Todo eso, me dirán, no son más que leyendas, cosas en las que se creía antes. Sin embargo, cuando el pensamiento y la poesía constituían una sola manifestación del espíritu que impregnaba desde la magia de las palabras rituales hasta la representación de los destinos humanos, desde las invocaciones a los dioses hasta sus plegarias, el hombre pudo indagar el cosmos sin romper la armonía con los dioses. Hoy no tenemos una narración, un relato que nos una como pueblo, como humanidad, y nos permita trazar las huellas de la historia de la que somos responsables. El proceso de secularización ha pulverizado los ritos milenarios, los relatos cosmogónicos, creencias que fueron tan enraizadas en la humanidad como el reencuentro con los muertos, los poderes sanadores de un bautismo, o el perdón de los pecados.

Pero ¿cómo pueden ser una falsedad las grandes verdades que revelan el corazón del hombre a través de un mito o de una obra de arte? Si aún nos siguen conmoviendo las desventuras y proezas de aquel caballero andrajoso de la Mancha se debe a que algo tan risible como su lucha contra los molinos de viento revela una desesperada verdad de la condición humana. Lo mismo ocurre con los sueños, de ellos se puede decir cualquier cosa, menos que sean una mentira. Pero al sobrevalorarse lo racional, fue desestimado todo aquello que la lógica no lograba explicar. ¿Acaso son explicables los grandes valores que hacen a la condición humana, como la belleza, la verdad, la solidaridad o el coraje? El mito, al igual que el arte, expresa un tipo de realidad del único modo en que puede ser expresada. Por esencia, es refractario a cualquier tentativa racionalizadora, y su verdad paradójica desafía a todas las categorías de la lógica aristotélica o dialéctica. A través de esas profundas manifestaciones de su espíritu, el hombre toca los fundamentos últimos de su condición y logra que el mundo en que vive adquiera el sentido del cual carece. Por eso mismo, todos los filósofos y artistas, siempre que han querido alcanzar el absoluto, debieron recurrir a alguna forma del mito o la poesía. Jaspers sostuvo que los grandes dramaturgos de la antigüedad vertían en sus obras un saber trágico, que no sólo emocionaba a los espectadores sino que los transformaba, y por ello los dramaturgos se convertían en profetas del ethos de su pueblo. Y el propio Sartre, cuando intenta revelarnos el drama de los franceses bajo el dominio de los nazis, escribe *Las Moscas*, que, en esencia, no es otra cosa que una adaptación del antiguo drama de Esquilo, *Orestes*, aquel héroe trágico que valientemente luchará por la libertad.

El mayor empobrecimiento de una cultura es ese momento en que un mito empieza a definirse popularmente como una falsedad. Así ocurrió en la Grecia clásica. Tras el derrumbe de aquellos relatos, Lucrecio cuenta haber visto "corazones apesadumbrados en todos los hogares; acosada por incesantes remordimientos, la mente era incapaz de aliviarse y se veía forzada a desahogarse mediante lamentaciones recalcitrantes". Como al desmoronarse los cimientos de una casa, las sociedades comienzan a precipitarse cuando sus mitos pierden toda su riqueza y su valor.

En este empobrecimiento se atrofian capacidades profundas del alma, tan entrañables a la vida humana como los afectos, la imaginación, el instinto, la intuición para, en cambio, desarrollar, al extremo, la inteligencia operativa y las capacidades prácticas y utilitarias.

Frente a cuestiones inefables es infructuoso tratar de acercarnos por medio de definiciones. La incapacidad de los discursos filosóficos, teológicos o matemáticos para responder a estos grandes interrogantes revela que la condición última del hombre es trascendente, y por lo tanto, misteriosa, inasible.

Cuando en 1945, en *Hombres y engranajes*, yo expresaba este mismo punto de vista, los intelectuales se abalanzaron contra mi libro con ferocidad e ironía. Pero, ahora, ante la vulnerabilidad, o el fracaso, de la Razón, de la Política y de la Ciencia, el ser humano oscila en el vacío sin encontrar dónde enraizarse ni en el cielo ni en la tierra, mientras es atragantado por una avalancha de información que no puede digerir y de la que no recibe alimento alguno.

"¿Es posible que a pesar de las invenciones y progresos, a pesar de la cultura, la religión y el conocimiento del universo, se haya permanecido en la superficie de la vida?" Tristemente, con la nostalgia de los proyectos irrealizados, no nos queda más que responder afirmativamente a la pregunta de Rilke, porque la sabiduría es fidelidad a la condición humana. ¿Qué ha puesto el hombre en lugar de Dios? Ya que no se ha liberado de cultos y altares. El altar permanece, pero ya no es el lugar del sacrificio y la abnegación, sino del bienestar, del culto a sí mismo, de la reverencia a los grandes dioses de la pantalla.

El sentimiento de orfandad tan presente en

este tiempo se debe a la caída de los valores compartidos y sagrados. Si los valores son relativos, y uno adhiere a ellos como a las reglamentaciones de un club deportivo, ¿cómo podrán salvarnos ante la desgracia o el infortunio? Así es como resultan tantas personas desesperadas y al borde del suicidio. Por eso la soledad se vuelve tan terrible y agobiante. En ciudades monstruosas como Buenos Aires hay millones de seres angustiados. Las plazas están llenas de hombres solitarios y, lo que es más triste aún, de jóvenes abatidos que, a menudo, se juntan a tomar alcohol o a drogarse, pensando que la vida carece de sentido, hasta que, finalmente, se dicen con horror que no hay absoluto. Recuerdo la soledad del campo, ¡tan distinta! Era esa soledad de la llanura infinita que le confería al hombre una tendencia natural a la religiosidad y a la metafísica. No es una casualidad que las tres grandes religiones de Occidente hayan nacido en la soledad del desierto, en esa especie de metáfora de la nada en la que el infinito se conjuga con la finitud del hombre. Nuestras modernas maneras de pensamiento creen que aquéllos eran pueblos atrasados, pero para ellos la verdad era un descubrimiento, algo frente a lo cual cabía el asombro. En la modernidad, el hombre ha buscado en sus construcciones lógicas la respuesta a las grandes incógnitas, creyendo, así, que al hacerlo era muy superior a quienes aguardaban la Providencia. Pero hoy en día, tantos golpes ha recibido el orgulloso intelecto humano, que estamos en condiciones de abrir los ojos a creencias impensables hace unos años.

Es la hora del atardecer, al borde de los edificios, entre los cientos de personas que salen de sus trabajos, un perro corre desesperadamente. Se tira entre el tráfico, y lo vemos jadear agotado en la vereda de enfrente. Luego se va apoyando contra las paredes hasta que lo perdemos de vista.

La búsqueda religiosa del hombre de hoy es indudable. Y como dice Jünger:

Lo mítico vendrá sin lugar a dudas, se encuentra ya en camino. Más aún, está ya siempre ahí, y llegada la hora, emerge a la superficie como un tesoro.

Y ya los jóvenes han empezado a buscar de

una manera nueva en las religiones. Pero no debemos engañarnos, muchas veces se nos aparecerá como algo superficial, capaz de adaptarse a cualquier manera de vivir, un techito confortable que nada pidiera, sin el abismo de la fe que entraña la verdadera religiosidad.

No hablo por añoranza de un tiempo legendario, del cual aquellos que lo vivimos nos pudiéramos vanagloriar. Es necesario admitir que muchos de esos valores eran respetados porque no se vislumbraba otra manera de vivir. El conocimiento de otras culturas otorga la perspectiva necesaria para mirar desde otro lugar, para agregar otra dimensión y otra salida, para apreciar la diversidad. La humanidad está cayendo en una globalización que no integra culturas, sino que las desintegra para imponer sobre ellas un patrón uniforme que permita incorporarlas al sistema mundial. Sin embargo, y a pesar de esto, la fe que me posee se apoya en la esperanza de que el hombre, a la vera de un gran salto, vuelva a encarnar los valores trascendentes, eligiéndolos con una libertad a la que este tiempo, providencialmente, lo está enfrentando.

Bajo el sol de la Quebrada de Humahuaca,
testigo callado de luchas y matanzas,
el Río Grande serpentea como mercurio
   brillante.
Ejércitos del Inca,
caravanas de cautivos,
columnas de conquistadores,
caballerías patriotas.
Para arriba, para abajo...
Y luego noches de silencio mineral,
en que vuelve a sentirse
el solo murmullo del Río Grande,
imponiéndose —lenta pero seguramente—
sobre los sangrientos, pero ¡tan transitorios!
combates entre los hombres.

Entramos en la plaza y nos mezclamos con la gente que ha caminado leguas con sus "misa chicos". Se los ve cansados, en su pobreza, en sus caras arrugadas, pero confiados siguen cantando con sus instrumentos de montaña. A su lado se renueva el candor. Milagro son ellos, milagro es que los hombres no renuncien a sus valores cuando el sueldo no les alcanza para dar de comer a su familia, milagro es que el amor permanezca y que todavía corran los ríos cuando hemos talado los árboles de la tierra.

III

ENTRE EL BIEN Y EL MAL

*Lo humano del hombre es desvivirse
por el otro hombre.*

E. LEVINAS

Esta mañana di por seguro que venía la sudestada, y me equivoqué. La tormenta se mantuvo en suspenso, estática. Los grises se fueron atenuando y a la tardecita ya ningún rasgo plomizo se distinguía en el cielo. Este simple e inofensivo error me llevó, imperceptiblemente, a las grandes equivocaciones que uno comete en la vida. Y de ahí, a través de un vasto territorio de sueños y recuerdos, mi alma quedó al borde de la imagen de mi madre aquella tarde, cuando la fui a visitar a La Plata y la encontré de espaldas, sentada a la gran mesa solitaria del comedor mirando a la nada, es decir, a sus memorias, en la oscuridad de las persianas cerradas, en la sola compañía del tictac del viejo reloj de pared. Rememorando, seguramente, aquel tiempo feliz en que todos estábamos alrededor de la enorme mesa Chippendale, y los grandes aparadores y trinchantes de otro tiempo, con el padre en una cabecera y ella en la otra; cuando mi hermano Pepe repetía sus cuentos, las inocentes mentiras de aquel folklore familiar.

A mi madre se le habían empañado los ojos al verlo y algo le había repetido de aquello de que la vida es un sueño. Yo la había mirado en silencio. Qué le podía atenuar, ella estaría viendo hacia atrás noventa años de fantasmagorías. Después, como a pequeños sorbos, me fue contando historias de Rojas y de su familia albanesa hasta que fue hora de irse. ¿Había que irse? Los ojos de mi madre volvieron a nublarse. Pero ella era estoica, descendía de una familia de guerreros, aunque no lo quisiera, aunque lo negase.

Todavía la recuerdo en la puerta, saludando levemente con su mano derecha, de manera no demasiado fuerte, no fuera a creer, esas cosas. En la calle 3 los árboles habían empezado a imponer su callado enigma del atardecer. Todavía volvió una vez más la cabeza. Con su mano, tímidamente, ella repitió la seña. Luego quedó sola.

Tan enardecidas fueron mis búsquedas que entonces no supe reconocer que era ésa la última vez que vería a mi madre sana, de pie, y que ese dolor perduraría para siempre, como hasta esta misma noche que entre lágrimas la recuerdo. Entre lo que deseamos vivir y el intrascendente ajetreo en que sucede la mayor parte de la vida, se abre una cuña en el alma que separa al hombre de la felicidad como al exiliado de su tierra.

Porque entonces, mientras mi madre quedaba detenida allí, inmóvil, no pudiendo retener a su hijo, no queriéndolo hacer, yo, sordo a la pequeñez de su reclamo, corría ya tras mis afiebradas utopías, creyendo que al hacerlo cumplía con mi vocación más profunda. Y aunque ni la ciencia, ni el surrealismo, ni mi compromiso con el movimiento revolucionario hayan saciado mi angustiosa sed de absoluto, reivindico el haber vivido entregado a lo que me apasionó. En ese tránsito, impuro y contradictorio como son los atributos del movimiento humano, me salvó un sentido intuitivo de la vida y una decisión desenfrenada ante lo que creía verdadero. La existencia, como al personaje de *La náusea*, se me aparecía como un insensato, gigantesco y gelatinoso laberinto; y como él, sentí la ansiedad de un orden puro, de una estructura de acero pulido, nítido y fuerte. Cuanto más me acosaban las tinieblas del mundo nocturno, más me aferraba al universo platónico, porque cuanto más grande es el tumulto interior, más nos sentimos inclinados a cerrarnos en algún orden. Y así, nuestras búsquedas, nuestros proyectos o trabajos nos quitan de ver los rostros que luego se nos aparecen como los verdaderos mensajeros de aquello mismo que buscábamos, siendo a la vez, ellos, las personas a quienes nosotros debiéramos haber acompañado o protegido.

¡Qué poco tiempo le dedicamos a los viejos! Ahora que yo también lo soy, cuántas veces en la soledad de las horas que inevitablemente acompañan a la vejez, recuerdo con dolor aquel último gesto de su mano y observo con tristeza el desamparo que traen los años, el abandono que los hombres de nuestro tiempo hacen de las personas mayores, de los padres, de los abuelos, esas personas a quienes les debemos la vida. Nuestra "avanzada" sociedad deja de lado a quienes no producen. ¡Dios mío!, ¡dejados a su soledad y a sus cavilaciones!, ¡cuánto de respeto y de gratitud hemos perdido! ¡Qué devastación han traído los tiempos sobre la vida, qué abismos se han abierto con los años, cuántas ilusiones han sido agostadas por el frío y las tormentas, por los desengaños y las muertes de tantos proyectos y seres que queríamos!

Yo había intentado un ascenso, un refugio de alta montaña cada vez que había sentido dolor, porque esa montaña era invulnerable; cada vez que la basura ya era insoportable, porque esa montaña era límpida; cada vez que la fugacidad del tiempo me atormentaba, porque en aquella altura reinaba la eternidad. Pero el rumor de los hombres había terminado siempre por alcanzarme, se colaba por los intersticios y subía desde mi propio interior. Porque el mundo no sólo está afuera sino en lo más recóndito de nuestro corazón. Y tarde o temprano aquella alta montaña incorruptible concluye pareciéndonos un triste simulacro, una huida, porque el mundo del que somos responsables es éste de aquí: el único que nos hiere con el dolor y la desdicha, pero también el único que nos da la plenitud de la existencia, esta sangre, este fuego, este amor, esta espera de la muerte. El único que nos ofrece un jardín en el crepúsculo, el roce de la mano que amamos.

Mientras les escribo, vuelve la imagen de mi madre a quien dejé tan sola en sus últimos años. Hace tiempo escribí que la vida se hace en borrador, lo que indudablemente le da su trascendencia pero nos impide, dolorosamente, reparar nuestras equivocaciones y abandonos. Nada de lo que fue vuelve a ser, y las cosas y los hombres y los niños no son lo que fueron un día. ¡Qué horror y qué tristeza, la mirada del niño que perdimos!

> *¡Mira! Las palabras inocentes me han*
> *rejuvenecido al fin*
> *y como en otro tiempo las lágrimas brotan*
> *de mis ojos.*
> *Y recuerdo los días hace mucho pasados*
> *y la tierra nativa vuelve a alegrar de nuevo*
> *mi alma solitaria*
> *y la casa donde crecí un día con tus*
> *bendiciones,*
> *donde, alimentado con amor, muy pronto*
> *creció el niño.*

Ah, cuántas veces pensé que yo te
*   reconfortaría*
Cuando a mí mismo me veía obrar a lo
*   lejos sobre el vasto mundo.*
Mucho intenté y soñé, y me he llagado el
*   pecho*
a fuerza de luchar, pero haréis que yo sane
¡queridos míos! Y aprenderé a vivir como
*   tú, Madre, mucho tiempo;*
es piadosa y tranquila la vejez.
Vendré a ti: bendice ahora a tu nieto una
*   vez más,*
Que, así, el hombre mantenga lo que de
*   niño prometió.*

HÖLDERLIN

En la desesperación de ver el mundo he querido detener el tiempo de la niñez. Sí, al verlos amontonados en alguna esquina, en esas conversaciones herméticas que para los grandes no tienen ninguna importancia, he sentido necesidad de paralizar el curso del tiempo. Dejar a esos niños para siempre ahí, en esa vereda, en ese universo hechizado. No permitir que las suciedades del mundo adulto los lastimen, los quiebren. La idea es terrible, sería como matar la vida, pero muchas veces me he preguntado en cuánto contribuye la educación a adulterar el alma de los niños. Es verdad que la naturaleza humana va transformando los rasgos, las emociones, la personalidad. Pero es la cultura la que le da forma a la mirada que ellos van teniendo del mundo.

Es urgente encarar una educación diferente, enseñar que vivimos en una tierra que debemos cuidar, que dependemos del agua, del aire, de los árboles, de los pájaros y de todos los seres vivientes, y que cualquier daño que hagamos a este universo grandioso perjudicará la vida futura y puede llegar a destruirla. ¡Lo que podría ser la enseñanza si en lugar de inyectar una cantidad de informaciones que nunca nadie ha retenido, se la vinculara con la lucha de las especies, con la urgente necesidad de cuidar los mares y los océanos!

Hay que advertirles a los chicos del peligro planetario y de las atrocidades que las guerras han provocado en los pueblos. Es importante que se sientan parte de una historia a través de la cual los seres humanos han hecho grandes esfuerzos y también han cometido tremendos errores. La búsqueda de una vida más humana debe comenzar por la educación. Por eso es grave que los niños pasen horas atontados delante de la televisión, asimilando todo tipo de violencias; o dedicados a esos juegos que premian la destrucción. El niño puede aprender a valorar lo que es bueno y no caer en lo que le es inducido por el ambiente y los medios de comunicación. No podemos seguir leyéndole a los niños cuentos de gallinas y pollitos cuando tenemos a esas aves sometidas al peor suplicio. No podemos engañarlos en lo que refiere a la irracionalidad del consumo, a la injusticia social, a la miseria evitable, y a la violencia que existe en las ciudades y entre las diferentes culturas. Con poco que se les explique, los niños comprenderán que se vive un grave pecado de despilfarro en el mundo.

Gandhi llama a la formación espiritual, la educación del corazón, el despertar del alma, y es crucial que comprendamos que la primera huella que la escuela y la televisión imprimen en el alma del chico es la competencia, la victoria sobre sus compañeros, y el más enfático individualismo, ser el primero, el ganador. Creo que la educación que damos a los hijos procrea el mal porque lo enseña como bien: la piedra angular de nuestra educación se asienta sobre el individualismo y la competencia. Los chicos los practican, los ensayan. Genera una gran confusión enseñarles cristianismo y competencia, individualismo y bien común, y darles largas peroratas sobre la solidaridad que se contradicen con la desenfrenada búsqueda del éxito individual para la cual se los prepara. Necesitamos escuelas que favorezcan el equilibrio entre la iniciativa individual y el trabajo en equipo, que condenen el feroz individualismo que parece ser la preparación para el sombrío Leviatán de Hobbes, que dice que el hombre es el lobo del hombre.

Tenemos que reaprender lo que es gozar. Estamos tan desorientados que creemos que gozar es ir de compras. Un lujo verdadero es un encuentro humano, un momento de silencio ante la creación, el gozo de una obra de arte o de un trabajo bien hecho. Gozos verdaderos son aquellos que embargan el alma de gratitud y nos predisponen al amor. La sabiduría que los muchos años me han traído y la cercanía a la muerte me enseñaron a reconocer la mayor de las alegrías en la vida que nos inunda, aunque aquélla no es posible si la humanidad soporta sufrimientos atroces y pasa hambre.

La educación no está independizada del poder, y por lo tanto, encauza su tarea hacia la formación de gente adecuada a las demandas del sistema. Esto es en un sentido inevitable, porque de lo contrario formaría a magníficos "desocupados", magníficos hombres y mujeres "excluidos" del mundo del trabajo. Pero si esto no se contrabalancea con una educación que muestre lo que está pasando y, a la vez, promueva al desarrollo de las facultades que están deteriorándose, lo perdido será el ser humano. Y sólo habrá privilegiados que puedan a la vez comer, tener una casa y un mínimo de posibilidades económicas, y ser personas espiritualmente cultivadas y valiosas. Va a ser difícil encontrar la manera que permita a los hombres acceder a buenos trabajos y a una vida que cuente con la posibilidad de crear o realizar actividades propias del espíritu.

La historia es novedosa. El hombre, enceguecido por el presente, casi nunca prevé lo que va a suceder. Si atina a ver un futuro diferente lo hace como agravamiento de la situación actual o como el surgimiento de lo contrario, cuando los cambios suelen venir por hechos irreconocibles en su momento, o, al menos, no valorados en su dimensión. Hoy, ante la cercanía del momento supremo, intuyo que un nuevo tiempo espiritualmente muy rico está a las puertas de la humanidad, si comprendemos que cada uno de nosotros posee más poder sobre el mal en el mundo de lo que creemos. Y tomamos una decisión.

Lentamente iba naciendo un nuevo día en la ciudad de Buenos Aires, un día como otro cualquiera de los innumerables que han nacido desde que el hombre es hombre. Desde la ventana, Martín vio a un chico que corría con los diarios de la mañana, tal vez para calentarse, tal vez porque en ese trabajo hay que moverse. Un perro vagabundo, no muy diferente del Bonito, revolvía un tacho de basura. Una muchacha como Hortensia iba a su trabajo.

¿Cómo había dicho Bruno una vez? La guerra podía ser absurda o equivocada, pero el pelotón al que uno pertenecía era algo absoluto.

Estaba D'Arcángelo, por ejemplo. Estaba la misma Hortensia.

Un perro basta.

El hombre, el alma del hombre, está suspendida entre el anhelo del Bien, esa nostalgia eterna de amor que llevamos, y la inclinación al Mal, que nos seduce y nos posee, muchas veces sin que ni siquiera nosotros hayamos comprendido el sufrimiento que nuestros actos pudieron haber provocado en los demás. El poder del mal en el mundo me llevó a sostener durante años un tipo de maniqueísmo: si Dios existe y es infinitamente bondadoso y omnipotente, está encadenado, porque no se lo percibe; en cambio, el mal es de una evidencia que no necesita demostración. Bastan algunos ejemplos: Hitler, las torturas que se cometieron en América latina. Son esos momentos en que una y otra vez me repito ¡cuánto mejores son los animales! Sin embargo, qué grandiosa y conmovedora es la presencia de la bondad en medio de la ferocidad y la violencia.

Porque suceden en nuestro propio corazón, la bondad y la maldad nos resultan inabarcables, indudablemente son el gran misterio. Esta trágica dualidad se refleja sobre la cara del hombre donde, lenta pero inexorablemente, dejan su huella los sentimientos y las pasiones, los afectos y los rencores, la fe, la ilusión y los desencantos, las muertes que hemos vivido o presentido, los otoños que nos entristecieron o desalentaron, los amores que nos han hechizado, los fantasmas que, en sus sueños o en sus ficciones, nos visitan o acosan. En los ojos que lloran por dolor, o se cierran por el sueño pero también por el pudor o la astucia, en los labios que se aprietan por empecinamiento pero también por crueldad, en las cejas que se contraen por inquietud o extrañeza o que se levantan en la interrogación y la duda, en fin, en las venas que se hinchan por rabia o sensualidad, se va delineando la móvil geografía que el alma termina por construir sobre la sutil y maleable piel del rostro. Revelándose así, según la fatalidad que le es propia, a través de esa materia que a la vez es su prisión y su gran posibilidad de existencia.

El arte fue el puerto definitivo donde colmé mi ansia de nave sedienta y a la deriva. Lo hizo cuando la tristeza y el pesimismo habían ya roído de tal modo mi espíritu que, como un estigma, quedaron para siempre enhebrados a la trama de mi existencia. Pero debo reconocer que fue precisamente el desencuentro, la ambigüedad, esta melancolía frente a lo efímero y precario, el origen de la literatura en mi vida.

En los tratados, el escritor debe ser coherente y unívoco y por eso el ser humano se le escapa de las manos. En la novela, el personaje es ambiguo como en la vida real, y la realidad que aparece en una gran obra de ficción es realmente representativa. ¿Cuál es la Rusia verdadera? ¿La del piadoso, sufriente y comprensivo Aliosha Karamazov? ¿O la del canalla de Svidrigailov? Ni la una ni la otra. O, mejor dicho, la una y la otra. El novelista es todos y cada uno de sus personajes, con el total de las contradicciones que esa multitud presenta. Es a la vez, o en diferentes momentos de su existencia, piadoso y despiadado, generoso y mezquino, austero y libidinoso. Y cuanto más complejo es un individuo, más contradictorio es. Lo mismo ocurre con los pueblos.

No es una casualidad que el desarrollo de la novela coincida con el desarrollo de los tiempos modernos. ¿Dónde se iban a refugiar las Furias? Cuando una cultura las reprime, explotan y su daño es mucho mayor. Se habla mucho del Hombre Nuevo, con mayúsculas.

Pero no vamos a crear a ese hombre si no lo reintegramos. Está desintegrado por esta civilización racionalista y mecánica de plásticos y computadoras. En las grandes culturas, como en las obras de arte, las fuerzas oscuras son atendidas, por más que nos avergüencen o nos den asco.

"Persona" quiere decir máscara, y cada uno tiene muchas. ¿Hay realmente una verdadera que pueda expresar la compleja, ambigua y contradictoria condición humana?

Me acuerdo de algo que había dicho Bruno: siempre es terrible ver a un hombre que se cree absoluta y seguramente solo, pues hay en él algo trágico, quizá hasta de sagrado, y a la vez de horrendo y vergonzoso. Siempre, decía Bruno, llevamos una máscara, que nunca es la misma sino que cambia para cada uno de los lugares que tenemos asignados en la vida: la del profesor, la del amante, la del intelectual, la del héroe, la del hermano cariñoso. Pero ¿qué máscara nos ponemos o qué máscara nos queda cuando estamos en soledad, cuando creemos que nadie, nadie, nos observa, nos controla, nos escucha, nos exige, nos suplica, nos intima, nos ataca? Acaso el carácter sagrado de ese instante se deba a que el hombre está entonces frente a la Divinidad, o por lo menos ante su propia e implacable conciencia.

¡Cuántas lágrimas hay detrás de las máscaras! ¡Cuánto más podría el hombre llegar al encuentro con el otro hombre, el supremo bien, si nos acercáramos los unos a los otros como necesitados que somos, en lugar de figurarnos fuertes! Si dejáramos de mostrarnos autosuficientes y nos atreviéramos a reconocer la gran necesidad del otro que tenemos para seguir viviendo, como muertos de sed que somos en verdad, ¡cuánto mal podría ser evitado!

Viene a mi memoria aquel relato que hace Saint Exupéry de cuando tuvo que aterrizar forzosamente en el desierto, y él y su mecánico quedaron por tres días sin agua para beber. Hasta el rocío sobre el fuselaje del avión lamían al amanecer. Cuando el delirio ya había comenzado a poseerlos, un beduino sobre un camello, desde una duna lejana, fijó su mirada sobre ellos. El nómada avanzó sobre la arena, nos dice, como un dios sobre el mar.

El árabe nos ha mirado, simplemente. Nos ha
empujado con las manos en nuestros hom-
bros, y hemos obedecido. Nos hemos tendido.
No hay aquí ni razas, ni lenguas, ni divisio-
nes. Hay ese nómada pobre que ha posado so-
bre nuestros hombros manos de arcángel.

Después de hacer una descripción inolvi-
dable del agua, dice:

En cuanto a ti que nos salvas, beduino de
Libia, te borrarás, sin embargo, para siem-
pre de mi memoria. No me acordaré nunca
de tu rostro. Tú eres el Hombre y te me apa-
recerás con la cara de todos los hombres a la
vez. Nunca fijaste la mirada para exami-
narnos, y nos has reconocido. Eres el herma-
no bien amado. Y, a mi vez, yo te reconoce-
ré en todos los hombres.
Te me aparecerás bañado de nobleza y de
benevolencia, gran Señor que tienes el po-
der de dar de beber. Todos mis amigos, to-
dos mis enemigos en ti marchan hacia mí,
y no tengo ya un solo enemigo en el mundo.

Los tiempos modernos fueron siglos seña-
lados por el menosprecio a los esenciales atri-

butos y valores del inconsciente. Los filósofos de la Ilustración sacaron la inconsciencia a patadas por la puerta. Y se les metió de vuelta por la ventana. Desde los griegos, por lo menos, se sabe que las diosas de la noche no se pueden menospreciar, y mucho menos excluirlas, porque entonces reaccionan vengándose en fatídicas formas.

Los seres humanos oscilan entre la santidad y el pecado, entre la carne y el espíritu, entre el bien y el mal. Y lo grave, lo estúpido es que desde Sócrates se ha querido proscribir su lado oscuro. Esas potencias son invencibles. Y cuando se las ha querido destruir se han agazapado y finalmente se han rebelado con mayor violencia y perversidad.

Hay que reconocerlas, pero también luchar incansablemente por el bien. Las grandes religiones no sólo preconizan el bien, sino que ordenan hacerlo, lo que prueba la constante presencia del mal. La vida es un equilibrio tremendo entre el ángel y la bestia. No podemos hablar del hombre como si fuera un ángel, y no debemos hacerlo. Pero tampoco como si fuera una bestia, porque el hombre es capaz de las peores atrocidades, pero también capaz de los más grandes y puros heroísmos.

Me inclino con reverencia ante quienes se han dejado matar sin devolver el golpe. Yo he querido mostrar esta bondad suprema del hombre en personajes simples como Hortensia Paz o el sargento Sosa. Como ya lo he afirmado, el ser humano no podría sobrevivir sin héroes, santos y mártires porque el amor, como el verdadero acto creador, es siempre la victoria sobre el mal.

IV
LOS VALORES DE LA COMUNIDAD

*Cada uno de nosotros es culpable
ante todos, por todos y por todo.*

F. DOSTOIEVSKI

Quiero hablarles de Buenos Aires. Aunque yo no vivo en ella y me resultaría insoportable, la reconozco como mi ciudad, por eso mismo es que la sufro. Ella representa, de alguna manera, lo que es la vida de estas urbes donde viven, o sobreviven, millones de habitantes. Pero antes les voy a repetir la situación del mundo, lo que todos sabemos, en la esperanza de que por la repetición, como la gota de agua, o el martillo contra la puerta cerrada, veamos un día que las cosas revirtieron. Acaso en verdad ya lo está haciendo: ya se filtra la luz entre las rendijas de la vieja civilización.

Asistimos a una quiebra total, a la fase final de los tiempos modernos de la cultura occidental. El mundo cruje y amenaza con derrumbarse, ese mundo que para mayor ironía es el resultado de la voluntad del hombre, de su prometeico intento de dominación.

Guerras que unen la tradicional ferocidad a su inhumana mecanización, dictaduras totalitarias, enajenación del hombre, destrucción catastrófica de la naturaleza, neurosis colectiva e histeria generalizada, nos han abierto por fin los ojos para revelarnos la clase de monstruo que habíamos engendrado y criado orgullosamente.

Aquella ciencia que iba a dar solución a todos los problemas físicos y metafísicos del hombre contribuyó a facilitar la concentración de los estados gigantescos, a multiplicar la destrucción y la muerte con sus hongos atómicos y sus nubes apocalípticas.

A cada hora el poder del mundo se concentra y se globaliza. Veinte o treinta empresas, como un salvaje animal totalitario, lo tienen en sus garras. Continentes en la miseria junto a altos niveles tecnológicos, posibilidades de vida asombrosas a la par de millones de hombres desocupados, sin hogar, sin asistencia médica, sin educación. La masificación ha hecho estragos, ya es difícil encontrar originalidad en las personas y un idéntico proceso se cumple en los pueblos, es la llamada globalización. ¡Qué horror!

¿Acaso no comprendemos que la pérdida de los rasgos nos va haciendo aptos para la clonación? La gente teme que por tomar decisiones que hagan más humana su vida, pierdan el trabajo, sean expulsados, pasen a pertenecer a esas multitudes que corren acongojadas en busca de un empleo que les impida caer en la miseria, que los salve. La total asimetría en el acceso a los bienes producidos socialmente está terminando con la clase media, y el sufrimiento de millones de seres humanos que viven en la miseria clama al Cielo, está permanentemente delante de los ojos de todos los hombres, por más esfuerzo que hagamos en cerrar los párpados. Pronto no podremos ya gozar de estudios o conciertos porque serán más apremiantes las preguntas que nos impondrá la vida respecto de nuestros valores supremos. Por la responsabilidad de ser hombres.

Esta crisis no es la crisis del sistema capitalista, como muchos imaginan: es la crisis de toda una concepción del mundo y de la vida basada en la idolatría de la técnica y en la explotación del hombre. Para la obtención del dinero, han sido válidos todos los medios. Esta búsqueda de la riqueza no ha sido llevada adelante para todos, como país, como comunidad; no se ha trabajado con un sentimiento histórico y de fidelidad a la tierra. No, desgraciadamente esto parece la estampida que sigue a un terremoto donde en medio del caos cada uno saquea lo que puede. Es innegable que esta sociedad ha crecido llevando como meta la conquista, donde tener poder significó apropiarse y la explotación llegó a todas las regiones posibles de mundo.

La economía reinante asegura que la superpoblación mundial no puede ser asimilada por la sociedad actual. Esta frase me da escalofríos: es suficiente para que los poderes maléficos justifiquen la guerra. Las guerras siempre han contado con el auspicio de grandes sectores de la población que, de alguna manera u otra, se beneficiaban de ella. Como centinela, todo hombre ha de permanecer en vela. Esto nunca ha de suceder. El "sálvese quien pueda" no sólo es inmoral, sino que tampoco alcanza.

Las creencias y el pensamiento, los recursos y las invenciones fueron puestos al servicio de la conquista. Colonialismos e imperios de todos los signos, a través de luchas sangrientas, pulverizaron tradiciones enteras y profanaron valores milenarios, cosificando primero la naturaleza y luego los deseos de los seres humanos.

Sin embargo, misteriosamente, es en el deseo donde se está generando un cambio. Lo siento en los hombres que se me acercan en la calle y lo creo de las juventudes del mundo. Pero es en la mujer en quien se halla el deseo de proteger la vida, absolutamente.

La degradación de los tribunales y el descreimiento en la justicia provocan la sensación de que la democracia es un sistema incapaz de investigar y condenar a los culpables, como si resultara un caldo de cultivo favorable a la corrupción, cuando, en realidad, lo que ocurre es que en ningún otro sistema es posible denunciarla. No es que en otros no exista; hasta termina siendo más corrupta y degradante, si creemos en el conocido aforismo de Lord Acton: "El poder corrompe, pero el poder absoluto corrompe absolutamente".

Debemos exigir que los gobiernos vuelquen todas sus energías para que el poder adquiera la forma de la solidaridad, que promueva y estimule los actos libres, poniéndose al servicio del bien común, que no se entiende como la suma de los egoísmos individuales, sino que es el supremo bien de una comunidad. Debemos hacer surgir, hasta con vehemencia, un modo de convivir y de pensar, que respete hasta las más hondas diferencias. Como bellamente define Zambrano, la democracia es la sociedad en la cual no sólo es posible sino exigido el ser persona. Frágil y falible, hoy en día ningún otro sistema ha probado otorgar al hombre más justicia social y libertad que la precaria democracia en que vivimos. La democracia no sólo permite la diversidad sino que debiera estimularla y requerirla. Porque necesita de la presencia activa de los ciudadanos para existir, de lo contrario es masificadora y genera indiferencia y conformismo. De ahí la esclerosis de la que padecen muchas democracias.

No se puede identificar, sin más, democracia con libertad. Muchos no sólo dejan de buscar la libertad, sino que hasta le temen. Si se compara la libertad de hoy con la que había hace unas pocas décadas, dolorosamente se comprueba que la libertad está en retroceso. Millones de hombres en el mundo, y también en nuestro riquísimo país, están condenados a trabajar durante diez o doce horas y vivir hacinados, miserablemente. Los siervos de la gleba no le están muy lejos. Este hecho hace que quienes podemos vivir en libertad seamos más responsables, porque como dijo Camus, "la libertad no está hecha de privilegios, sino que está hecha sobre todo de deberes".

Como hombres libres en un campo de reclusos nuestra misión es trabajar por ellos, de todas las formas a nuestro alcance. "La verdadera libertad no vendrá de la toma del poder por parte de algunos, sino del poder que todos tendrán algún día de oponerse a los abusos de la autoridad. La libertad personal llegará inculcando a las multitudes la convicción de que tienen la posibilidad de controlar el ejercicio de la autoridad y hacerse respetar", afirmó Gandhi, ese hombre que luchó hasta la muerte por la libertad de su milenario país. Gandhi era un convencido de que al hombre no se le otorgaría la libertad exterior hasta tanto no hubiera sabido desarrollar la libertad interior.

Muy a menudo compruebo que todo es opinable, y alguien que comenzó antes de ayer puede hablar tanto como otro cuya trayectoria está largamente probada en la vida del país. Y su opinión llega a ser clasificatoria, y no tiene siquiera que demostrarse. La llamada opinión pública es la suma de lo que se le ocurre a quienes, en esos minutos, pasan por la esquina elegida, y conforman el mínimo universo de una encuesta que, sin embargo, saldrá a grandes titulares en los diarios y los programas de televisión. Las preguntas que suelen hacerse son de una torpeza que pondrían frenético a Sócrates, que las colocó en el lugar de quien ayuda a dar a luz.

Todo pasa y todas las perspectivas son válidas. Lo mismo Chicho que Napoleón, Cristo que el Rey de Bastos. No se piensa en futuro, todo es de coyuntura.

Como lo muestra la sobrevaloración de la diversión. Los programas "divertidos" tienen mucho raiting —y el raiting es lo supremo— no importa a costa de qué valor, ni quién lo financia. Son esos programas donde divertirse es degradar, o donde todo se banaliza. Como si habiendo perdido la capacidad para la grandeza, nos conformáramos con una comedia de regular calidad. La desesperación por divertirse tiene sabor a decadencia.

Quienes así actúan reflejan una posición verdaderamente apocalíptica y escéptica donde no cabe enfurecerse, ya que se descree de toda conquista que pueda mejorar la vida. Como mucho, estos exponentes de la posmodernidad se arriesgan en alguna de estas modas espirituales que se obtienen con poco esfuerzo y no obligan a ningún cambio.

Nuestra civilización ha tomado un tipo de bienestar como el "deber ser" de la vida, fuera del cual no hay salvación. Este objetivo es logrado por el miedo, y por la incapacidad que tienen hoy los hombres de vivir los momentos duros, las situaciones límite, los obstáculos. En especial, se tiene horror al fracaso. Se oculta cualquier avería en el bienestar, pues enseguida se teme la exclusión, quedar eliminado de la existencia como un equipo de fútbol lo estaría en un campeonato por eliminación. Tal es la dificultad que tiene el hombre actual de superar las tormentas de la vida, de recrear la existencia después de las caídas.

Salían por centenares del subterráneo, tropezaban, bajaban de los colectivos atestados, entraban en el infierno de Retiro, donde volvían a

encimarse en los trenes. Año nuevo, milenio nue-
vo, pensaba el muchacho con piadosa ironía, vien-
do a esos desesperados en busca de una esperan-
za propiciada con pan dulce y sidra, con sirenas
y gritos.

Ayer recibí la carta de un muchacho en la que me dice "tengo miedo del mundo". Dentro del mismo sobre me envía una fotografía en la que pude advertir algo, en su manera de mirar, en sus espaldas agobiadas, que revelaba una enorme desproporción entre sus recursos y la espantosa realidad que lo estremece. Siempre hubo ricos y pobres, salones de baile y mazmorras, muertos de hambre y fastuosos banquetes. Pero en este siglo ha cundido el nihilismo y se hace imposible la transmisión de valores a las nuevas generaciones.

Aunque, quizá, sean los chicos los que vayan a salvarnos. Porque, ¿cómo vamos a poder criarlos hablándoles de los grandes valores, de aquellos que justifican la vida, cuando delante de ellos comprueban que se hunden millares de hombres y mujeres, sin remedios ni techos donde protegerse? O ven cómo poblaciones enteras son arrasadas por inundaciones que pudieron evitarse.

¿Creen que es posible seguir mirando por televisión el horror que padece la pobre gente a la par que la frivolidad ostentosa y corrupta, entremezclada como en el peor de los cambalaches? ¿Y así tener hijos que sean hombres de verdad? La falta de gestos humanos genera una violencia a la que no podremos combatir con armas, únicamente un sentido más fraterno entre los hombres la podrá sanar.

Miles de hombres se desviven trabajando, cuando pueden, acumulando amarguras y desilusiones, logrando apenas sostenerse un día más en la precaria situación mientras casi no hay individuo que tras su paso por el poder no haya cambiado, en apenas meses, un modesto departamentito por una lujosa mansión con entrada para varios fabulosos autos. ¿Cómo no les llega la vergüenza?

Si nos cruzamos de brazos seremos cómplices de un sistema que ha legitimado la muerte silenciosa. Los hombres necesitan que nuestra voz se sume a sus reclamos. Detesto la resignación que pregonan los conformistas ya que no es suyo el sacrificio, ni el de su familia. Con pavor he pensado en la posibilidad de que, como esas virulentas enfermedades de los siglos pasados, la impunidad y la corrupción lleguen a instalarse en la sociedad como parte de una realidad a la que nos debamos acostumbrar. ¿Cómo hemos llegado a esta degeneración de los valores en la vida social? Cuando fuimos niños aprendimos ética viendo el comportamiento de los hombres que simplemente cumplían con el deber —una expresión hoy en desuso— esperando recibir una recompensa digna por su trabajo, pero que nunca hubieran aceptado ningún soborno. Eran personas con dignidad: no se hubieran metido en el bolsillo lo que no les correspondiera, ni se hubieran quedado con los sueldos de los maestros, ni bajezas semejantes.

Recuerdo que mi padre perdió su molino harinero por un crédito al que se había comprometido de palabra. Desde luego, para él significó un inmenso dolor. Pero hubiera sido indigno de un verdadero hombre evadir su responsabilidad, ese sentimiento del honor le daba fuerzas y vivía en paz. Qué decir de lo que fueron alguna vez los sindicatos. Casi con candor recuerdo la anécdota de aquel hombre que se desvaneció en la calle y, cuando fue reanimado, quienes lo fueron a socorrer le preguntaron cómo no se había comprado algo de comer con el dinero que llevaba en su bolsillo, a lo que aquel ser humano maravilloso respondió que ese dinero era del sindicato. No es que en ese entonces no hubiera corrupción, pero existía un sentido del honor que la gente era capaz de defender con su propia conducta. Y robar las arcas de la Nación, las que deben atender al bien común, era de lo peor. Y lo sigue siendo.

Quienes se quedan con los sueldos de los maestros, quienes roban a las mutuales o se ponen en el bolsillo el dinero de las licitaciones no pueden ser saludados. No debemos ser asesores de la corrupción. No se puede llevar a la televisión a sujetos que han contribuido a la miseria de sus semejantes y tratarlos como señores delante de los niños. ¡Ésta es la gran obscenidad! ¿Cómo vamos a poder educar si en esta confusión ya no se sabe si la gente es conocida por héroe o por criminal? Dirán que exagero, pero ¿acaso no es un crimen que a millones de personas en la pobreza se les quite lo poco que les corresponde? ¿Cuántos escándalos hemos presenciado, y todo sigue igual, y nadie —con dinero— va preso? La gente sabe que se miente, por radio, por televisión, en los diarios, pero parece una ola de tal magnitud que no se la puede impedir. Esto hace sentir impotente a la gente y finalmente produce violencia, ¿hasta dónde vamos a llegar?

Tampoco podemos vivir comunitariamente cuando la educación que recibimos, y la que damos a nuestros hijos, se basa en la competencia. Es indudable que genera, en algunas personas, un mayor rendimiento basado en el deseo de triunfar sobre las demás. Pero no debemos equivocarnos, la competencia es una guerra no armada y, al igual que aquélla, tiene como base un individualismo que nos separa de los demás, contra quienes combatimos. Si tuviéramos un sentido más comunitario muy otra sería nuestra historia, y también el sentido de la vida del que gozaríamos.

Cuando critico la competencia no lo hago sólo por un principio ético que hace al bien común, sino también por el gozo inmenso que entraña compartir el destino, y que nos salvará de quedar esterilizados por la carrera hacia el éxito individual en que está acabando la vida del hombre.

Semanas después, otra tarde, cuando me senté a contestar la carta del muchacho, advertí que yo de joven escribía cada vez que era infeliz, que me sentía solo o desajustado con el mundo en que me había tocado nacer. Y pienso si no será siempre así, que el arte de nuestro tiempo, ese arte tenso y desgarrado, nazca invariablemente de nuestro desajuste, de nuestra ansiedad y nuestro descontento. Una especie de intento de reconciliación con el universo de esa raza de frágiles, inquietas y anhelantes criaturas que son los seres humanos. Los animales no lo necesitan: les basta vivir. Porque su existencia se desliza armoniosamente con las necesidades atávicas. Y al pájaro le basta con algunas semillitas o gusanos, un árbol donde construir su nido, grandes espacios para volar; y su vida transcurre desde su nacimiento hasta su muerte en un venturoso ritmo que no es desgarrado jamás ni por la desesperación metafísica ni por la locura. Mientras que el hombre al levantarse sobre las dos patas traseras y al convertir en un hacha la primera piedra filosa, instituyó las bases de su grandeza pero también los orígenes de su angustia; porque con sus manos y con los instrumentos hechos con sus manos iba a erigir esa construcción tan potente y extraña que se llama cultura e iba a iniciar así su gran desgarramiento: habrá dejado de ser un simple animal pero no habrá llegado a ser el dios que su espíritu le sugiera. Será ese ser dual y desgraciado que se mueve y vive entre la tierra de los animales y el cielo de sus dioses, que habrá perdido el paraíso terrenal de su inocencia y no habrá ganado el paraíso celeste de su redención.

Cuántas veces les he aconsejado a quienes acuden a mí, en su angustia y en su desaliento, que se vuelquen al arte y se dejen tomar por las fuerzas invisibles que operan en nosotros. Todo niño es un artista que canta, baila, pinta, cuenta historias y construye castillos. Los grandes artistas son personas extrañas que han logrado preservar en el fondo de su alma esa candidez sagrada de la niñez y de los hombres que llamamos primitivos, y por eso provocan la risa de los estúpidos. En diferentes grados, la capacidad creativa pertenece a todo hombre, no necesariamente como una actividad superior o exclusiva. ¡Cuánto nos pueden enseñar los pueblos antiguos donde todos, más allá de las desdichas o de los infortunios, se reunían para bailar y cantar! El arte es un don que repara el alma de los fracasos y sinsabores. Nos alienta a cumplir la utopía a la que fuimos destinados.

El arte de cada tiempo trasunta una visión del mundo, la visión del mundo que tienen los hombres de esa época y en particular el concepto de la realidad. En este nuevo milenio debajo del gran supermercado del arte, como los brotes que germinan después de un largo invierno, se perciben, acá y allá, los testimonios de otra manera de mirar. Notablemente en el cine, en películas de muy bajo presupuesto que nos llegan de pequeños países, no contaminados por la globalización, se expresa el deseo de un mundo humano que se ha perdido, pero al que no se ha renunciado. El hombre no sólo está hecho de muerte sino también de ansias de vida; tampoco únicamente de soledad sino también de comunión y amor.

Contemplaba con mirada de pequeño dios impotente el conglomerado turbio y gigantesco, tierno y brutal, aborrecible y querido, que como un temible leviatán se recortaba contra los nubarrones del oeste.

El sol se ponía y a cada segundo cambiaba el colorido de las nubes en el poniente. Grandes desgarrones grisvioláceos se destacaban sobre un fondo de nubes más lejanas: grises, lilas, negruzcas. Lástima ese rosado, pensó, como si estuviera en una exposición de pintura. Pero luego el rosado se fue corriendo más y más, abaratando todo. Hasta que empezó a apagarse y, pasando por el cárdeno y el violáceo, llegó al gris y finalmente al negro que anuncia la muerte, que siempre es solemne y acaba siempre por conferir dignidad.

Y el sol desapareció.

Y un día más terminó en Buenos Aires: algo irrecuperable para siempre, algo que inexorablemente lo acercaba un paso más a su propia muerte. ¡Y tan rápido, al fin, tan rápido! Antes los años corrían con mayor lentitud y todo parecía posible, en un tiempo que se extendía ante él como un camino abierto hacia el horizonte. Pero ahora los años corrían con creciente rapidez hacia el ocaso, y a cada instante se sorprendía diciendo: "hace veinte años, cuando lo vi por última vez", o alguna otra cosa tan trivial pero tan trágica como ésa; y pensando enseguida, como ante un abismo, qué poco, qué miserablemente *poco resta de aquella marcha hacia la nada. Y entonces ¿para qué?*

Y cuando llegaba a ese punto y cuando parecía que ya nada tenía sentido, se tropezaba acaso con uno de esos perritos callejeros, hambriento y ansioso de cariño, con su pequeño destino (tan pequeño como su cuerpo y su pequeño corazón que valientemente resistirá hasta el final, defendiendo aquella vida chiquita y humilde como desde una fortaleza diminuta), y entonces, recogiéndolo, llevándolo hasta una cucha improvisada donde al menos no pasase frío, dándole algo de comer, convirtiéndose en sentido de la existencia de aquel pobre bicho, algo más enigmático pero más poderoso que la filosofía parecía volverle a dar sentido a su propia existencia. Como dos desamparados en medio de la soledad que se acuestan juntos para darse mutuamente calor.

V
LA DECISIÓN Y LA MUERTE

Al morir, esa inasible acción que se cumple obedeciendo, sucede más allá de la realidad, en otro reino.

M. ZAMBRANO

Como la luz de la aurora que se presiente en la oscuridad de la noche, así de cerca está la muerte de mí. Es una presencia invisible.

Algunas veces en la vida, sentí que estaba en peligro y podía morir. Y sin embargo, aquel sentimiento de la muerte en nada se parece al de hoy. Entonces hubiera sido parte de mis luchas o de alguna circunstancia: un fracaso de mis proyectos. Podría haber muerto inesperadamente y no habría sido como hoy, en que la muerte me va tomando de a poco, cuando soy yo quien me voy inclinando hacia ella. Su llegada no será una tragedia como hubiese sido antes, pues la muerte no me arrebatará la vida: ya hace tiempo que la estoy esperando.

Hay días en que me invade la tristeza de morir, y, como si pudiera ser la muerte la engañada, me atrinchero en mi estudio y me pongo a pintar con frenesí, confiado en que ella no me arrebatará la vida mientras haya una obra sin terminar entre mis manos. Como si la muerte pudiese entender mis razones y yo, hacerle frente para detenerla. Cuando la gente me para por las calles para darme un beso, para abrazarme, o cuando voy a algún acto, como en la Feria del Libro, donde una multitud durante horas me está esperando y me colma con su afecto, una invencible sensación de despedida me nubla el alma.

Cada vez me ocupan menos los razonamientos, como si ya no tuvieran mucho que darme. Como bien dijo Kierkegaard, "la fe comienza precisamente donde acaba la razón". Momentos en que navego sin preguntas mar adentro, no importan las lluvias ni los fríos. Y otros, en que me amarro a viejas sabidurías esotéricas, y encuentro calor en sus antiguas páginas como en las personas que me rodean y me cuidan. Me avergüenza pensar en los viejos que están solos, arrumbados rumiando el triste inventario de lo perdido.

Antes, la muerte era la demostración de la crueldad de la existencia. El hecho que empequeñecía y hasta ridiculizaba mis prometeicas luchas cotidianas. Lo atroz. Solía decir que a la muerte me llevarían con el auxilio de la fuerza pública. Así expresaba mi decisión de luchar hasta el final, de no entregarme jamás. Pero ahora que la muerte está vecina, su cercanía me ha irradiado una comprensión que nunca tuve. En este atardecer de verano, la historia de lo vivido está delante de mí, como si yaciera en mis manos, y hay horas en que los tiempos que creí malgastados tienen más luz que otros, que pensé sublimes.

He olvidado grandes trechos de la vida, y en cambio, palpitan todavía en mi mano los encuentros, los momentos de peligro y el nombre de quienes me han rescatado de las depresiones y amarguras. También el de ustedes que creen en mí, que han leído mis libros y que me ayudarán a morir.

Cada hora del hombre es un lugar vivo de nuestra existencia que ocurre una sola vez, irremplazable para siempre. Aquí reside la tensión de la vida, su grandeza, también la imposibilidad de recuperar algo vivido en el pasado. Si pudiésemos detener la vida que recibimos, caeríamos en la más negra de las desesperaciones. Aunque hay gente, algunos, muchos, que pasan sus días como si nos sobraran y pudiéramos desperdiciarlos, como si nada esencial se jugara en ellos. Esto no me ha sucedido jamás porque siempre creí que los hombres tenemos una tarea que cumplir, y la llevé a cabo contra todos los obstáculos. Tampoco hay, a esta altura de mi vida, horas poco importantes, descontables, de modo que mirando hacia atrás el largo trayecto se me aparece como el desgranarse de días sagrados, inscriptos en tiempos o en épocas diferentes a la manera de las estaciones de un solo año, como se acostumbraba a decir cuando yo era chico, en los comienzos del siglo pasado.

La infancia es entrañable y absoluta. Cuando enriquecido y devastado por el amor y el tiempo, vuelvo mi mirada hacia ella, a ese tiempo que uno recuerda y ama, lo reconozco como lo más grande, a pesar de los sufrimientos, de la violencia y de la severidad de mi padre, de mi sonambulismo y mis terrores nocturnos. Los hombres guardamos para siempre un respeto sagrado por el niño que fuimos cuando todavía ni los pensamientos ni los valores se habían desprendido del mundo emocional.

En esta época los niños no suelen tomar

graves decisiones, sino que sus padres, las personas a su alrededor y las formas culturales las toman por ellos. Son los años presididos por la imaginación y los juegos, los más vulnerables de la vida.

De este tiempo se desprenderán para siempre las modalidades más hondas del ser humano, según el amparo o abandono que hayamos sufrido. De ahí nuestra responsabilidad hacia los chicos que viven en las calles, sin el cuidado que esos años requieren, que viven en esa intemperie que arrastrarán como una herida abierta por el resto de sus días. Son 250 millones de niños los que están tirados por las calles del mundo.

Estos chicos nos pertenecen como hijos y han de ser el primer motivo de nuestras luchas, la más genuina de nuestras vocaciones.

Es sorprendente, y admirable sin duda, que al borde de la muerte el hombre concentre su atención en ese tiempo, como si de allí pudiera recibir el misterio último que anida en su alma.

Es por ello que les he hablado de los valores en la vida de los pueblos jóvenes y simples ya que creo intuir que el ser humano siempre reencuentra su destino en su origen.

A medida que pasan los años el círculo se va abriendo y el horizonte se expande. Aquel pequeño mundo signado por la pertenencia a los rostros familiares nos aprieta; sentimos el ahogo que presagia el desgarro de la primera partida.

Desenfrenadamente corrí yo, entonces, angustiado y confundido con un ansia que me devoraba. La fuerte coacción hacia un orden severo impuesto por mi padre, me hizo a mí más caótico, más incapaz de un orden auténtico, porque la violencia provoca, por reacción, la anarquía. Bajo un mecanismo impuesto, en el hombre de nuestro tiempo hay anarquía, y cada vez parece más incapaz de un orden propio, elegido. El totalitarismo y la anarquía son dos momentos de un mismo acto.

¡Qué convulsionado es el tiempo de la adolescencia y de la juventud! Yo entonces clamaba por un orden que no amputara mi iniciativa, pero cada paso era un abismo. Es un tiempo de grandes decisiones, cuando por primera vez el ser humano soporta sobre sí la libertad, cuando descubre valores que quiere encarnar en su propia vida.

Me agobia en el recuerdo la cantidad de exigencias que tuve y la gran responsabilidad que pesó sobre mí como un mandato de la infancia. Ciertos valores, como la entrega absoluta a lo que se había emprendido, o la fidelidad a quienes nos habían encomendado una tarea fueron obstáculos muy poderosos para mi libertad, contra los que me golpeé incesantemente a la hora de las graves decisiones. De esas que provienen de nuestro interior y que poca o ninguna comprensión reciben del mundo en que vivimos. Obligándonos a abandonarlo, abandono que a menudo se tilda de traición. En los momentos decisivos he contado con el apoyo incondicional de Matilde que fue, en algunos casos, casi la única persona que creyó en mí.

Creo que lo esencial de la vida es la fidelidad a lo que uno cree su destino, que se revela en esos momentos decisivos, esos cruces de caminos que son difíciles de soportar pero que nos abren a las grandes opciones. Son momentos muy graves porque la elección nos sobrepasa, uno no ve hacia adelante ni hacia atrás, como si nos bajase una niebla en los momentos cruciales, o como si uno tuviera que elegir la carta decisiva de la existencia con los ojos cerrados.

Desde joven he vivido la zozobra de la libertad. He pasado momentos de angustia sin saber qué hacer, sin comprender qué resultaría de una elección grave frente a la cual, sin embargo, nunca pude evaluar con mesura los hechos. Me recuerdo como quien corriera un trecho por un camino, y luego volviera hacia atrás, sin hallar el dato definitivo que probara una respuesta. Mi alma pendulaba a la deriva hasta el momento crucial en que me llegaba la decisión al alma, y entonces, avanzaba hacia ella cualquiera fuesen las consecuencias.

Cuando joven me horrorizó la injusticia social, la diferencia de oportunidades entre los que podíamos estudiar y la pobre gente hacinada en los alrededores de Ensenada. Yo estudiaba en la facultad, pero un día, después de meses de ir y venir, dejé la facultad y me metí a la militancia. Con los años enfrenté el fracaso ante la decisión tomada y, lastimado, dejé la militancia y volví a estudiar. Hasta que otra vez la vida me colocó en la bifurcación de los caminos.

Yo fui un hombre de acción que no escatimaba, ninguna reserva de tiempo ni de compromiso ante cualquier emprendimiento que tuviera que ver con aquello a lo que me hubiera entregado. Tenía una fuerza indomable y una convicción en lo que había elegido capaz de arrastrar conmigo a una multitud.

Muy avanzada la vida me llegaron los límites de la propia energía. La muerte de seres queridos quebró mi fortaleza y apareció el cansancio irresistible de los años, aunque nunca me llegó el hastío que suele aparecer en quienes en la vida no han logrado lo que esperaban y ya no tienen más tiempo ni más fuerzas. Pero, verdaderamente, a todo hombre, tarde o temprano, lo alcanzan las desgracias, las muertes de sus hijos o hermanos, su propia vejez y la muerte.

En una hora de la vida es necesario no simular las sucesivas erosiones que hemos sufrido. Siento patético ese afán de la gente de hoy de querer aparentar juventud hasta los setenta, tanto en la cara de las mujeres como en los proyectos de los hombres. Qué pocas personas se presentan ante los jóvenes como gente mayor dispuesta a ayudarlos y no a competir con ellos.

Pude ver y aceptar lo que son las fronteras, las limitaciones, insuficiencias y miserias de la vida. Esto de ninguna manera significa que uno confunda lo que es justo con lo banal o pase por alto los horrores, todo lo contrario, no es una resignación a lo valioso sino un renunciamiento a lo innecesario. Este renunciamiento no tiene en mí mérito propio, fueron las pérdidas las que me ayudaron a renunciar. No he luchado por ello, simplemente lo he aceptado. Y lo grandioso es que estas limitaciones no han provocado en mí las terribles depresiones que he sufrido a lo largo de los años.

Los valores son los que nos orientan y presiden las grandes decisiones. Desgraciadamente, por las condiciones inhumanas del trabajo, por educación o cobardía, muchas personas no se atreven a decidir conforme a su vocación, conforme a ese llamado interior que el ser humano escucha en el silencio del alma. Y tampoco se arriesgan a equivocarse varias veces. Y sin embargo, la fidelidad a la vocación, ese misterioso llamado, es el fiel de la balanza donde se juega la existencia si uno ha tenido el privilegio de vivir en libertad.

Hay momentos decisivos en la vida de los pueblos como en la de los hombres. Hoy estamos atravesando uno de ellos con todos los peligros que acarrean, pero toda desgracia tiene su fruto si el hombre es capaz de soportar el infortunio con grandeza, sin claudicar a sus valores.

Como en la vida de los hombres, las culturas atraviesan períodos fecundos donde los momentos de dolor y de alegría se alternan bajo el mismo cielo; los pueblos siguen el acontecer de la vida con una mirada que les viene de generaciones e incorporan los cambios a un sentido que los trasciende.

Éste no es uno de esos momentos, por el contrario, éste es un tiempo angustioso y decisivo, como lo fue el pasaje de los días imperiales de Roma al feudalismo, o de la Edad Media al Capitalismo. Pero me atrevería a decir que es más grave porque es absoluto, ya que la vida misma del planeta está en juego.

Nuestra cultura está mostrando signos inequívocos de la proximidad de su fin. Sin tregua se ve obligada a reinventar noticias, modas o nuevas variantes, porque nada de lo que extrae de sí es perdurable, fecundo o sanante. Como cuando un enfermo está muy grave y el médico le receta algo nuevo cada día y la familia, en su desesperación, cambia de médico y de tratamientos. Así nos está pasando, confundimos noticia con novedad. Lo decisivo es no creer que todo seguirá igual y que este modo de vivir da para rato.

La capacidad de convicción de nuestra civilización es casi inexistente y se concentra en la capacidad de convencer a la gente de las bondades de sus cachivaches, que a cientos de millones se ofrecen en el mercado, sin tener en cuenta la basura que se acumula hora a hora, y que la tierra no puede asimilar. La globalización, que tanta amargura me ha traído, tiene su contrapartida: ya no hay posibilidades para los pueblos, ni para las personas de jugarse por sí mismos. Ésta es una hora decisiva no para este o aquel país, sino para la tierra toda. Sobre nuestra generación pesa el destino, es ésta nuestra responsabilidad histórica.

Estos tiempos modernos de la cultura occidental, hoy en su fase final, otorgaron a los hombres una cultura que les dio amparo y orientación. Bajo su firmamento, los seres humanos atravesaron con euforia momentos de esplendor y sufrieron con entereza guerras y miserias atroces. Hoy con dificultad vamos aceptando su muerte, su necesario invierno, sabiendo que ha sido construida con los afanes de millones de hombres que han dedicado su vida, sus años, sus estudios, la totalidad de sus horas de trabajo, y la sangre de todos los que cayeron, con sentido o inútilmente, para bien o para mal, durante cinco siglos.

La Modernidad comenzó con el Renacimiento, un tiempo inigualable en creaciones, inventos y descubrimientos. Fue una etapa que, como la niñez, estaba aún bajo la mirada de sus predecesores. Fue el Racionalismo su verdadera independencia.

Se han recorrido hasta el abismo las sendas de la cultura humanista. Aquel hombre europeo que entró en la historia moderna lleno de confianza en sí mismo y en sus potencialidades creadoras. Ahora sale de ella con su fe hecha jirones.

Estamos indudablemente frente a la más grave encrucijada de la historia, ya no se puede avanzar más por el mismo camino. Hace tiempo que el sentimiento humanista de la vida perdió su frescura, en su interior han estallado contradicciones destructivas: el escepticismo le ha minado su ánimo. La fe en el hombre y en las fuerzas autónomas que lo sostenían se han conmovido hasta el fondo. Se han quebrado demasiadas esperanzas.

¿Era el destino del ser humano intentar su supremacía y su independencia?, ¿estaba esta hora inscripta ya en los papiros de la eternidad?

Debo confesar que durante mucho tiempo creí y afirmé que éste era un tiempo final. Por hechos que suceden o por estados de ánimo, a veces vuelvo a pensamientos catastróficos que no dan más lugar a la existencia humana sobre la tierra. En otros, la capacidad de la vida para encontrar resquicios donde volver a germinar su creación me dejan anonadado, como quien bien comprende que la vida nos rebalsa, y sobrepasa todo lo que sobre ella podramos pensar.

No sé si alguien, antes de Berdiaev, predijo que volveríamos a una nueva Edad Media. Sería posible y también sanante. Ciertos elemen-

tos parecieran estar presentes, indicando seme-
janzas, como el estado de putrefacción del poder en Roma, donde el cuidado que se había
puesto en la elección de los sucesores del César
decayó hasta la irresponsabilidad, que es un
grave síntoma; la tendencia a enfeudarse, por
los peligros externos. Entonces, como ahora,
afuera no había seguridad y la violencia diez-
maba a quienes no quedaban protegidos por las
murallas. También la drástica división entre poderosos y pobres; la creciente religiosidad. Entonces los que quedaron cortados fueron los caminos, hoy habrían de ser los cables, a no ser
que fueran ellos los "convertidos" y la televisión
pasara a servir a la gente.

Sentimos la Edad Media como noche, como tiempo severo, austero, cuando todo el esplendor de la civilización romana fue acallada.
Berdiaev dice que

> *la noche no es menos maravillosa que el día,*
> *no es menos de Dios, y el resplandor de las*
> *estrellas la ilumina, y la noche tiene revela-*
> *ciones que el día ignora. La noche tiene más*
> *afinidad con los misterios de los orígenes*
> *que el día. El Abismo no se abre más que*
> *con la noche.*

Para nuestra cultura, la noche sería la pérdida de los objetos, que es la luz que nos alumbra.

Los grandes cambios son llevados adelante por minorías a las que luego se pliega el resto de la población, y no suelen realizarse en el peor de los momentos. En su obra sobre la Revolución Francesa, Tocqueville demuestra que ésta no sucede cuando las clases dominadas de Francia estaban bajo la peor de las sujeciones; por el contrario, habiéndoseles aflojado las cadenas, vislumbraron sus posibilidades, lo que les dio la confianza necesaria como para enfrentar la lucha por la independencia.

¿Quién podrá guiarnos hoy?, ¿quiénes son esos seres humanos que como Juana de Arco y el pequeño David convirtieron una historia con la sola ayuda de su fe y de su coraje?

Sé que a mucha gente le irritará esta carta, yo mismo la hubiera rechazado hace años cuando confundía resignarse con aceptar. Resignarse es una cobardía, es el sentimiento que justifica el abandono de aquello por lo cual vale la pena luchar, es, de alguna manera, una indignidad. La aceptación es el respeto por la voluntad de otro, sea éste un ser humano o el Destino mismo. No nace del miedo como la resignación, sino que es más bien un fruto.

En otros tiempos a mí también me estremecía la vejez, no quería ni mirarla. Me horrorizaban las enfermedades y ese lento proceso, entonces para mí aterrador, por el cual el cuerpo que nos acompañó vigoroso empieza a fallar. En la vejez es común que las personas estén reumáticas, como mamá, o con la presión alta, o con artritis o con dolores de todo tipo. Como si se estropeara la armonía entre el alma y el cuerpo.

Recuerdo que Delacroix lamentaba ese momento en que se estropea la armonía entre el alma y el cuerpo y Montesquieu anotó: "¡Desventurada condición de los hombres! Apenas el espíritu ha llegado al punto de la madurez, el cuerpo comienza a debilitarse".

Entonces yo veía a la vejez desde afuera, nada sabía de lo que haría crecer en mí, de lo que surge cuando uno abandona los ya inútiles remos y se deja llevar por el gran río.

Muchas cosas que antes me parecieron importantes, y a las que dediqué el furor y el tiempo, ya no las tomo de igual manera como si lo grave se fuera reduciendo a lo decisivo, mientras recuperan importancia los momentos más estrechamente ligados a los sentimientos que con los años me han predispuesto a una pasividad desconocida y grata.

Ahora comprendo por qué los pueblos arcaicos tenían tan en cuenta a los ancianos. La creencia general es que su sabiduría viene de lo que han vivido cuando creo que lo fundamental en ellos, lo que otorga sabiduría, viene de lo que están por vivir, la muerte que uno lleva en sí, como dijera Rilke, es lo que da al hombre su valor.

La muerte es inconcebible, sólo puedo decir que hay un presentimiento, como algo que se expande, todo lo contrario a un golpe seco. Y en este desconocer, que me sitúa por primera vez en la existencia como ignorante, descubro a la vida como grávida de sentido.

Así como en la muerte individual hay algo que sucede en el espíritu, y que da lugar a la aceptación de la muerte, es importante que nuestra cultura termine de deshojarse. Toda conversión, como la muerte misma, tiene un pasaje, un tiempo para abandonar los rasgos del pasado y aceptar la historia como se acepta la vejez. Hacernos cómplices del tiempo para que caigan los velos y se desnude la verdad simple.

Siento con entusiasmo esta posibilidad de recomenzar otra manera de vivir. Lo que ayuda a la decisión es un mar de fondo, que se ha ido formando a través de hechos aislados que comienzan a entramarse, imágenes que nos sorprenden, libros que leemos. La gente con la que frecuentamos, un sentimiento de patria cuando estamos en el exilio.

Algo diferente que se valora, que nos asombra y que sentimos como el acercamiento de una utopía. El cambio se da cuando nuestra mirada no se separa de ella.

No podemos olvidar que en estos viejos tiempos, ya gastados en sus valores, hay quienes en nada creen, pero también hay multitudes de seres humanos que trabajan y siguen en la espera, como centinelas. En la historia los cortes no son tajantes, y ya en las postrimerías del Imperio Romano, sus ciudadanos frecuentaban a sus vecinos bárbaros, y es seguro que tendrían amores con ellos. Así ya están entre nosotros los habitantes de otra manera de vivir. Hoy como entonces hay multitudes de personas que no pertenecen a esta civilización posmoderna, muchas están trágicamente excluidas y otras muchas parecen aún formar parte de las instituciones sociales pero su alma está preñada de otros valores.

El pasaje es un paso atrás para que una nueva sensación del universo vaya tomando lugar, del mismo modo que en el campo se levantan los rastrojos para que la tierra desnuda pueda recibir la nueva siembra.

¡Si nos enamoráramos de este pasaje!

¡Si en vez de alimentar los caldos de la desesperación y de la angustia, nos volcáramos apasionados, revelando un entusiasmo por lo nuevo que exprese la confianza que el hombre puede tener en la vida misma, todo lo contrario de la indiferencia! Dejar de amurallarnos, anhelar un mundo humano y ya estar en camino.

VI
LA RESISTENCIA

*Son los expulsados, los proscriptos,
los ultrajados, los despojados de su
patria y de su terruño, los empuja-
dos con brutalidad a las simas más
hondas. Ahí es donde están los cate-
cúmenos de hoy.*

E. JÜNGER

Lo peor es el vértigo. En el vértigo no se dan frutos ni se florece. Lo propio del vértigo es el miedo, el hombre adquiere un comportamiento de autómata, ya no es responsable, ya no es libre, ni reconoce a los demás.

Se me encoge el alma al ver a la humanidad en este vertiginoso tren en que nos desplazamos, ignorantes atemorizados sin conocer la bandera de esta lucha, sin haberla elegido.

El clima de Buenos Aires ha cambiado. En las calles hombres y mujeres apresurados avanzan sin mirarse, pendientes de cumplir con horarios que hacen peligrar su humanidad. Ya sin lugar para aquellas charlas de café que fueron un rasgo distintivo de esta cuidad, cuando la ferocidad y la violencia no la habían convertido en una megalópolis enloquecida. Cuando todavía las madres podían llevar a sus hijos a las plazas, o a visitar a sus mayores. ¿Se puede florecer a esta velocidad? Una de las metas de esta carrera parece ser la productividad, pero ¿acaso son estos productos verdaderos frutos?

El hombre no se puede mantener humano a esa velocidad. Si vive como autómata será aniquilado. La serenidad, una cierta lentitud, es tan inseparable de la vida del hombre como el suceder de las estaciones lo es de las plantas, o del nacimiento de los niños.

Estamos en camino pero no caminando, estamos encima de un vehículo sobre el que nos movemos sin parar, como una gran planchada, o como esas ciudades, satélites que dicen que habrá. Ya nada anda a paso de hombre, ¿acaso quién de nosotros camina lentamente? Pero el vértigo no está sólo afuera, lo hemos asimilado a la mente que no para de emitir imágenes, como si ella también hiciese *zapping*; y, quizá, la aceleración haya llegado al corazón, que ya late en clave de urgencia para que todo pase rápido y no permanezca. No hemos elegido la meta pero a todos se nos divierte por televisión, ricos y pobres. Este común destino es la gran oportunidad, pero ¿quién se atreve a saltar afuera? Tampoco sabemos ya rezar porque hemos perdido el silencio y también el grito.